U0522683

中国现象学文库
现象学原典译丛·海德格尔系列

# 基础概念

〔德〕海德格尔 著

张柯 译

商务印书馆
创于1897 The Commercial Press

Martin Heidegger

**Grundbegriffe**

Gesamtausgabe Band 51

Herausgegeben von Petra Jaeger

© Vittorio Klostermann GmbH, Frankfurt am Main, 1981. 2$^{nd}$, revised edition 1991.

本书根据德国维多里奥·克劳斯特曼出版社 1991 年出版的《海德格尔全集》第 51 卷《基础概念》第二版（皮特拉·雅格编）译出

## 《中国现象学文库》编委会

（以姓氏笔画为序）

### 编　　委

丁　耘　　王庆节　　方向红　　邓晓芒　　朱　刚
刘国英　　关子尹　　孙周兴　　杜小真　　杨大春
李章印　　吴增定　　张　伟　　张　旭　　张再林
张廷国　　张庆熊　　张志扬　　张志伟　　张灿辉
张祥龙　　陈小文　　陈春文　　陈嘉映　　庞学铨
柯小刚　　倪梁康　　梁家荣　　靳希平　　熊　林

### 常务编委

孙周兴　　陈小文　　倪梁康

# 《中国现象学文库》总序

自 20 世纪 80 年代以来,现象学在汉语学术界引发了广泛的兴趣,渐成一门显学。1994 年 10 月在南京成立中国现象学专业委员会,此后基本上保持着每年一会一刊的运作节奏。稍后香港的现象学学者们在香港独立成立学会,与设在大陆的中国现象学专业委员会常有友好合作,共同推进汉语现象学哲学事业的发展。

中国现象学学者这些年来对域外现象学著作的翻译、对现象学哲学的介绍和研究著述,无论在数量还是在质量上均值得称道,在我国当代西学研究中占据着重要地位。然而,我们也不能不看到,中国的现象学事业才刚刚起步,即便与东亚邻国日本和韩国相比,我们的译介和研究也还差了一大截。又由于缺乏统筹规划,此间出版的翻译和著述成果散见于多家出版社,选题杂乱,不成系统,致使我国现象学翻译和研究事业未显示整体推进的全部效应和影响。

有鉴于此,中国现象学专业委员会与香港中文大学现象学与当代哲学资料中心合作,编辑出版《中国现象学文库》丛书。《文库》分为"现象学原典译丛"与"现象学研究丛书"两个系列,前者收译作,包括现象学经典与国外现象学研究著作的汉译;后者收中国学者的现象学著述。《文库》初期以整理旧译和旧作为主,逐步过渡到出版首版作品,希望汉语学术界现象学方面的主要成果能以《文库》统一格式集中推出。

我们期待着学界同人和广大读者的关心和支持,藉《文库》这个园地,共同促进中国的现象学哲学事业的发展。

《中国现象学文库》编委会
2007年1月26日

因为诸声音依然隐蔽地
接近了其最寂静的声响

# 目  录

导论  根据-存在-开端之间的内在关联

第 1 节  对《基础概念》讲座标题的阐释 ··············· 1
  a）基础概念是基础-概念 ························· 1
  b）基础-概念的要求 ··························· 3
  c）对人之诸多要求的差异 ······················· 5
    α）需要之要求：需用 ························ 5
    β）对历史性之人的本质的要求 ·················· 6
  d）对本源性东西、开端性东西的准备以及对历史学意识的更好的认知 ···· 8
  e）对历史之开端的沉思所具有的含义 ················ 10
  f）本讲座的目标：沉思之为准备，与我们历史之开端进行争辩的准备 ···· 12

要点重述 ····································· 14
  1. 我们对"基础概念"的理解和我们与基础概念的关联（作为预感性的知识）··············· 14
  2. 当今时代中的知识之衰败：那种支持可用之物而反对可缺少之物的决断 ············· 16
  3. 作为对西方历史之本质性东西（在现代：无条件的意志和技术）的决断的开端 ··············· 18

4. 谙习于与"值得思的东西"的关联，谙习于对根据的思考 ········ 22
5. 历史性的人对于开端的本质性投入，对于根据之"本质"的本质性投入 ································································ 24

# 第一部分　对箴言的思考，存在者与存在之区分

## 第一章　对"存在着/是"的探讨，对存在者整体的探讨

第 2 节　存在者整体是现实之物、可能之物和必然之物······· 28
第 3 节　对存在与存在者之本质性区分的不思 ················ 30
第 4 节　"是"之无处可觅 ······································· 33
第 5 节　在语法规定中"是"的无疑问性
　　　　——空洞和含义之丰富 ································ 35
　a）"是"之空洞和不确定性乃是其"系词"之存在的前提 ······ 41
　b）存在（"是"）作为一般者和普遍者 ························· 42
第 6 节　健全人类知性的口号：在存在者中行动和作用而不是对存在作空洞的思想（工人与士兵）················ 43
第 7 节　对存在的放弃——对存在者的经营 ···················· 48

要点重述 ································································ 50
1. 对存在者整体的思考以人对存在和存在者之区分的本质性进入为前提 ·························································· 50
2. "是"的含义之丰富与含义之贫乏 ····························· 54
3. 把对现实之物的经营等同于对存在者整体的沉思 ············ 55
4. 人在存在与存在者的这种区分中的未被思考过的逗留 ······· 57

## 第二章　效力于存在之沉思的主导句

第 8 节　存在是最空洞的东西并且同时是丰富洋溢 ………… 59

第 9 节　存在是最普遍的东西并且同时是独一无二 ………… 61

第 10 节　存在是最易理解的东西并且同时是遮蔽隐匿 …… 66

第 11 节　存在是损耗最甚者并且同时是本质源泉 ………… 72

第 12 节　存在是最可靠的东西并且同时是离开根据 ……… 74

第 13 节　存在是被言说最甚者并且同时是隐秘缄默 ……… 75

第 14 节　存在是被遗忘最甚者并且同时是内化回忆 ……… 78

第 15 节　存在是逼迫最甚者并且同时是自由释放 ………… 80

第 16 节　把对存在的沉思合并为一系列的主导句 ………… 82

要点重述　关于存在的主导句 ………………………………… 84

 1. 存在是作为抽象概念的空洞虚无并且同时是丰富洋溢 ………… 84

 2. 存在是一切之最普遍者并且同时是独一无二（存在与无的同一性）…… 85

 3. 诸主导句的意义：指示了对存在与存在者之区分的沉思 ………… 91

## 第三章　存在与人

第 17 节　存在的分裂性与人的本质：抛置与抛弃 ………… 94

第 18 节　存在的历史性与人之历史性的本质逗留域 ……… 102

第 19 节　对西方思想第一开端的回忆是对存在的沉思，
    是对根据的把握 ………………………………… 104

要点重述 ……………………………………………………… 107

 1. 人与存在之关联中的那种对反性的本质：存在之抛置和存在

之抛弃 …………………………………………………… 107
2. 忆入第一开端即置入那依然本现着的存在，即把存在理解为
根据 ……………………………………………………… 111

## 第二部分　阿那克西曼德箴言中的开端性的存在之道说

第 20 节　语文学传统和哲学翻译的彼此对立的意图 ……… 114
第 21 节　尼采和蒂尔斯对箴言的翻译决定了今天通行的
解释 ……………………………………………… 118

要点重述　对西方思想之开端的回忆着的回行进入
——对阿那克西曼德箴言的一种倾听 ………… 123
第 22 节　沉思阿那克西曼德箴言中的开端性的存在之道说 …… 125
　a) 对两句话之关系的猜测 ………………………………… 125
　b) 对存在的道说发生在应合中：第一句话把存在思为 τὸ χρεών，
　　后者应合于作为三重支配的开端 …………………… 126
第 23 节　案语：借助阿那克西曼德的另一句话而达成
对 τὸ χρεών 的洞见 ……………………………… 131
　a) 支配（ἀρχή）的三重统一性 ……………………… 131
　b) 支配（ἀρχή）乃是阻止（ἄπειρον） ………………… 134
　c) 在对于存在者之当前显现而言的 γένεσις [出现] 和 φθορά [退
　　隐] 中，存在作为 ἀρχή 和 ἄπειρον 而威临盛行 ……… 139
　d) 作为 ἀρχή 和 ἄπειρον 的存在如何让存在者存在？ ……… 143
第 24 节　第二句话应合于存在之本质而把存在思为当前
显现、片刻、时间 ……………………………… 146

a）存在乃非适置之转化 ················· 146

　　　b）存在与时间的内在关联 ················ 150

　第 25 节　两句话彼此之间的关系：箴言作为开端性的存在

　　　之道说 ························· 153

编后记 ······························ 156

第二版编后记 ·························· 159

译后记 ······························ 160

# 导论　根据-存在-开端之间的内在关联

## 第 1 节　对《基础概念》讲座标题的阐释

### a）基础概念是基础-概念 [①]

"基础概念"——关于什么的？这个讲座课的标题并没有说出这一点。因而始终还不清楚，在此应得到把握的是什么。人们用"概念"命名的是这样一些观念，在这些观念中，我们把一个对象或整个对象领域普遍地带到我们面前来了。"基础概念"因而就是尽可能广泛之领域的更为普遍的观念。这样一些领域乃是自然、历史、国家、法律、人或动物或其他诸如此类的东西。但在这个讲座课的标题中并没有谈到"自然"之基础概念、"艺术"之基础概念以及其他领域的基础概念。这个标题同样也没有说明，"基础概念"应对于什么而言是基础概念，是对于艺术史研究而言还是对法学而言？是对于化学而言还是对于机械制造理论而言？是对其他的某

---

[①] 原文为："Grundbegriffe sind *Grund*-Begriffe"。这句话也可以译为"基础概念乃是根据-概念"。德文的"Grund"既有"基础"之意也有"根据"之意。这种双义性是作者在本书中反复运用的东西，汉译不能处处挑明，读者应予留心。——译注

种"学科"而言还是对于人类的一种活动方式而言？但或许，"基础概念"这个没有附加说明的标题恰恰意味着，事所攸关的不是那些特殊的存在者领域，也不是与之相应的、每每对这些领域的其中一个领域加以探究的科学。

然而，由于这个讲座课是列在"哲学"这个"类别"下的，其所意指的，"自然"就是"哲学"的基础概念了。倘若指的是这种基础概念，那么就会在标题中道出了。然而标题却仅仅叫做"基础概念"，既非特指的基础概念，也非哲学之基础概念。

按照传统的并且也正确的看法，哲学事实上思考的是某种比自然、历史、国家、艺术、民族、生物这些分殊领域更加普遍的东西。但倘若我们所意指的也不是哲学之基础概念，那么这个没有附加说明的标题所思及的就必然是这样一种东西，它比在"哲学"中所思考的东西甚至还要更普遍。这种最普遍的东西或许并不可以使自己得到径直言说，或许为此还缺少有足够命名之力的言语；又或许，"适宜的"言语已被滥用了，以至于它们再也说不出什么了。因此，一种如此不确定的标题或许才是十分恰当的；因为这样一来我们就不会事先就被固定在某种东西上面。

然而，这个在内容上无所道说的标题，本身却又有一种特别的明确性。这里显然不会是就任意之物和无关紧要之事而言的，而是就必要之物和紧要之事而言的。但为何这一点没有被立即说出？现在，它被说出了。我们必须确切地予以倾听。在对这个标题的第一次把握中，我们必然已经立即就开始了对这样一种事务的训练，我们在此从现在开始持续地被要求着这种事务，此即：放弃那习惯常见的，同时也是容易方便的东西。我们必须投入到一种姿态中去，对于这种姿态的实行，无需任何特殊的先有知识，既不需要科学的先有知识，也不需要哲学的先有知识。这类知识对于别的用途或许是有用的；在这里，这些知识只会起阻碍作用；因为这里所需要的仅仅是这一点：做好准备，用人之本质去冒险，其途径是，我们思考那为人之本质且首先是为人对存在所持有的一切看法提供了根据的东西。那为一切提供了根据并给予一切以根据的东西，本身就是根据。

这个标题因而就还是向我们多少道说了那种东西，那在此应得到把握的东西。我们仅仅需要异样地书写这个词语：基础-概念（*Grund-Begriffe*）。现在这个标题说的是：根据（Grund）应被把握（begriffen），被抓住，甚至才被触及，甚至首先才只是被预感。我们进而要思考的乃是一切之根据。

于是，无论事情看上去怎样，事所攸关的也根本不是"概念"本身，不是那些负担沉重的"单纯概念"（bloße Begriffe）——在这些单纯概念面前，人很容易被吓得向后退，尽管他同时也确信，"单纯概念"并非确凿之物并且会导向无底深渊。

### b）基础-概念的要求

"基础-概念"召唤我们去把握根据，召唤我们去抵达地基，召唤我们去站到那种地方中去，在那里，只有一种站立和一种持久者被允许了，在那里，一切决断都作出了，但一切未决状态也都是从那里借得了它们的隐蔽之处。把握根据，这意味着，在一种认知活动中抵达一切之根据，这不仅是对某种东西取得认知，而且是作为知识而是一种站立和一种姿态。这种对根据的知要比通常的认识活动更源始亦即追溯得更远(ausgreifender)①，但也是这种意义上的"更源始"，即它比每一种常见的"意愿"更具决定性，并且也是这种意义上的"更源始"，即它比每一种通常的"感觉"更加内在而真挚。因此，这种对根据的知也就并不还需要一种"特征"，以便在其中拥有一个立足点，这种知识是特征本身，是人的那种印记，没有这种印记，一切意志之坚定就始终只是盲目的顽固，一切业绩始终只是倏忽的成功，一切行为始终只是一种耗蚀自身的活动并且一切"体验"始终只是自我欺骗。

"基础-概念"，现在它听上去更像是一种对我们的要求(Anspruch)。② 我们被召呼到其中去了，即我们要把我们的思想带到沉思(Besinnung)之路上去。曾有这样一个时代，西方历史的本质结构而绝非事件的单纯序列开始在其中展现，正是从这个时代而来，一个箴言(Spruch)被传递给我们，它说的是：μελέτα τὸ πᾶν③。"要关切存在者整体"(Nimm in die Sorge das Seiende im Ganzen)④，也就是说，要去思考：一切都在于存在者整体，都在于

---

① 作者语境中的"ausgreifen"一词应按"ausholen"来理解，即解为"追溯甚远"或"溯源甚远"之意，而不宜按其日常用语用意理解为"大步跳跃，铺得很开，扯得很远"。也正因此，作者在此把此词含义与"更源始"等意使用。——译注

② 名词"概念"(Begriff)的动词形式为"把握，理解"(begreifen)。"基础-概念"因而在双义性中构成了一种要求：去把握根据，去理解根据。——译注

③ 此语出自"希腊七贤"之一的佩里安德(Periander，卒于公元前585年)。这句话通常被译为"要思考整体！"或"要思考一切！"。——译注

④ "Sorge"是海德格尔前期思想中的一个关键术语，陈嘉映先生曾将其译为"操心"(参见《存在与时间》中译本)，这里尝试改为"关切"。相关理由这里只作简略陈述：在前期海德格尔思想中，"Sorge"是"存在与人之关联"问题的核心概念，将其译为"关切"

那由此而来召呼着人的东西①。要贯彻始终地思考那本质性的东西并因此要把自己带到一种姿态中去，这种姿态能够为了这样一种沉思而变得成熟。和一切本质性的东西一样，这种姿态也必须是单纯的，而那种指示，向我们暗示出这种姿态（此姿态乃是一种知）的指示，也因而必须是单纯的。对于这种指示而言，一种区分工作就已足矣，此区分乃是对觉醒之人所能关注的那种东西的区分。

### c) 对人之诸多要求的差异

α) 需要之要求：需用

我们要么是关注我们所需用的东西，要么是，我们关注我们能够缺少的那种东西。

对于我们所需用（brauchen）的东西，我们是按照需要（Bedürfnisse）来衡量的，是按照那些沉湎于其自身和其欲求的愿望来衡量的，并且是按照我们所期望和指望的东西来衡量的。在这些愿望和欲求背后是那种不安的扰攘，对于这种不安而言，每一种充足都立即会变成永不充足。这种由于持续更新的需用、由于自行增益和自行扩展的"兴趣"所引起的不安，绝非源出于一种人为培育的贪婪，不如说，这种贪婪本身已经是那种不安的后果，在这种不安中，单纯生命与单纯活物的向前拥挤表现了出来。归属于活物之

---

可以在根本上契合这一问题语境，而且"关切"可以涵摄"操心"之意，却免除了"心"之因素对译名造成的扰乱。——译注

① 作者对"liegen an"这一短语的使用常有双关考虑：一方面用其字面意即"在于"，另一方面用其语用意即"取决于"。这两句话因而也可以译为："一切都取决于存在者整体，都取决于那由此而来召呼着人的东西。"本书后文中有对此处语义的呼应，参见本书（中译本边码）第102页。——译注

本质的是这一点，即始终被挤迫和驱迫到自己的欲求中去。然而，"活物"，我们用来命名植物和动物的"活物"，看上去恰恰是在这种欲求中找到了并遵守着它的固定形态，与之相反，人却能够把活物和其欲求特意地提升为主导尺度并使之成为"进展"之"原则"。倘若我们仅仅关注我们所需用的东西，我们就被绷紧嵌入到单纯生命之不安的那种强制中去了。这种活物激发了被运动者和自行运动者的假相，并因此引发了自由之境的假相。因此，恰恰是在那里，在人仅仅关注他所需用之物的地方，出现了自由之假相；因为他的计算和计划事实上是在一种活动空间（Spielraum）中运作的，而人本身每每都会按照需要而迁移这种活动空间的界线。

然而，这样的话，人就仅仅是在其"生命兴趣"的强制中是"自由的"，也就是说，只在这种强制中是可动的。从某些方面来看，人在这种强制——这种强制是由此而获得规定的，即一切都仅仅取决于实用——的范围内是自由自在的。在持续"被需用者"亦即实用之统治下的奴役状态，看上去就像是自由，并且像是支配着对用处的享用和这种享用的提升。

β）对历史性之人的本质的要求

人或者是关注他所需用的东西，或者是关注他能够缺少的那种东西①。

---

① 在根本意义上，这里所谓的"人所能够缺少的东西"或"人可以缺少的东西"就是"存在"。这一晦涩而又古怪的措辞的深层语境是：在作者看来，"存在"之本性乃"自行置送着的自行回隐"或"自行回隐着的自行置送"，正是这种"自送/自隐"的一体流行，使得"存在"一方面是我们作为人、作为存在者得以存在的本源，另一方面又是我们"可

## 第1节 对《基础概念》讲座标题的阐释

在这另一种姿态中①，他不是在实用之强制下面计算，也不是从用益之享受的不安而来计算，他根本就不计算，毋宁说，他是从对本质东西的限制而来思考每一种东西。这种限制只是看上去像是一种局限，事实上它乃是一种释放，即释放到人之本质所配享的那些苛求所构成的广阔之域中去；对可缺少之物的关注把人带到一种完全不同之领域的单纯性和明晰性中去了。在此发声说话的是那些要求，它们不是源出于人的需要，也无关乎个体与众人的福祉。这一领域（Bereich）乃是这样一个场所，只是在此场所中，一个"王国／领域"（Reich）才能得到奠定；因为只是在这里，历史性的人才能向外站立到一种敞开域中去，只要他把一切需用之物和每一种实用东西都置于自身之下并由此才在一种本质性的意义上变得能够支配。

要求（Ansprüche）乃是这样一类东西，它们在人之本质中召呼着（ansprechen）人并且要求着一种回答。但是这些要求——我们应更好地称之为召呼——不会像事实那样出示自身也不会像迫切性那样被当面计算。历史性的人必然是被这些要求所切中的，并且为此而必需的是，他根本就让自身被切中。或许那个古老的箴言"μελέτα τὸ πᾶν"[要关切存在者整体]，把某种东西——那在本质上切中历史性之人的东西——带到言辞中了，如此以至于，一切仅仅是人性

---

以缺少／能够缺少"的东西，即不是我们之实用计算活动／对象性思维所能牢牢把控的对象，而是听任自身转入自送自隐性的"存在之遗忘状态"中，在这种遗忘状态中，存在乃是作为无的存在。——译注

① 指上述后一种姿态，即"人关注他能够缺少的那种东西"。毋庸多言，进行这种关注的人乃是本质性的思者，而进行这种关注就是"对历史性之人的本质的要求"。——译注

的东西,还并不足以满足这种要求。

或许那种努力,去思考"基础-概念"的努力,去抵达一切之根据的努力,指向了一种知识[①],这种知识既不可以从"生命"之认识中合计而成,也不可以从科学之结果中统算而得,亦不可以从一种"信仰"的信条中合计出来。但或许,个人也永远都不能够从其能力和其资产的偶然性中发明这样一种知识。他既不能通过一种绝对命令把这种知识强加给自身,也不能由此把这种知识强加给他人。与本质性东西的那种关联——历史性的人正是在这种关联中成为自由的——只能在本质性东西自身之中拥有其本源。

### d）对本源性东西、开端性东西的准备以及对历史学意识的更好的认知

人或者是为那始终源始的东西做好了准备,或者是,他对这种东西有更好的认知。

这种更好的认知也在那里——在人看上去屈服于一种神圣的世界规划的地方——起着支配作用。这种更好的认知在西方历史中是伴随着历史学意识(historischen Bewußtseins)之时代的到来而开始的。但历史学科学的形成和其千差万别的运用的普适性已经是那种"姿态"——在这种姿态中,人以结算性的方式对待着历史（Geschichte）——的一个晚期后果。这种姿态是伴随着作为一种"世界"塑形之原则的基督教的统治地位而开始的。自从人尤其在最近

---

[①] 作者行文中的"知识"（Wissen）一词有时意指一种本质性的"知",有时也意指一种单纯认知意义上的"知识"。译文难以在字面上对此始终进行区分,故尽量统一译为"知识",读者可从相应语境中觉知这种区别。——译注

几百年在一切事物中变得愈发机智和狡猾，以至于没有什么东西可从他那里逃脱，就连与本质性东西的关联也愈发被埋没了，或者说——影响更为深远的是——这种关联愈发被算入到那其余的可计算之物中去了。于是就出现了这样一种状态，在此状态中，一切都是按照其是新的还是旧的来进行估价的。于是，对于不受约束的历史学的计算活动而言，不仅那迄今为止未被知晓的东西和闻所未闻之物被普遍地看作新的东西，而且所有那些东西，始终运作着的进展活动所推进和促进的所有东西，也都被普遍地视为"新的"东西。鉴于进展之促进而没有用处的东西则被视为"旧的"东西。旧的东西也就是过时之物。因此，在每一个时代中，在每每不同的时髦语下面，历史学和历史学研究都致力于从各自的当前而来给这种旧的东西和过去之物"绘上"合乎时代的色彩，并由此为历史学的活动本身作合理辩护，证明其乃是不可或缺的。

可是本质性的东西拥有其特别的历史，是不会听任自身按照"新"和"旧"的标签来被结算的。然而哪里有这种事情发生，在那里，与本质性东西的关联就通常还被埋没着。于是人就顽固地反抗那一苛求——通过回忆（Erinnerung）① 之路来抵达本质性东西并理解根据（Grund）。按照仅仅操持计算之人的观点，回忆每每都是粘连于一种较早之物，亦即较老之物，亦即古旧之物，亦即过时之物，亦即顶多是通过一种现成的历史学研究才可通达的东西。然而这种较早之物，倘若它是一种本质性的东西，事实上是始终外在于那

---

① 作者在本书中对"Erinnerung"一词进行了双义性阐释，其一是"使……内在化"（内在于存在之真理中），其二是日常语用意的"回忆"。详见后文。汉译不能处处挑明这种双关语义，读者应予留心。——译注

种实用化的——通常意义上的一切"新物"与"旧物"都必须屈服于这种实用化。

### e) 对历史之开端的沉思所具有的含义

最早先的东西,按照历史学的时间计算,或许乃是最古老的东西,而按照日常理智的估量,它或许又是最过时的东西。但最早先的东西,也可以是头等东西,这是就等级和丰富性而言的,是就源始性和义务性——它们指向的是我们的历史和即将来临的历史性决断——而言的。对于我们而言,在这一本质性意义上的这种头等东西,就是希腊。我们把这种最早先的东西命名为开端性的东西。从这种开端性的东西中出现了一种要求,在这种要求面前,个人和众人的意见所能做到的事情仅仅是,对这种要求充耳不闻,错认这种要求的本质力量,并且对那独一无二的时机——对开端之回忆能够〈把我们〉①移置到本质性的东西中去——毫无预感。

我们可能会对开端性东西的要求充耳不闻。这种情形看上去并不会对我们的历史进程造成什么改变。由此,一种对开端之回忆的可缺少性也就"实际地"得到了证明。事实上,我们不仅可能会对开端性东西的要求充耳不闻,而且我们甚至会把自身驱逐到自我欺骗中去,仿佛我们根本就不需要去倾听这种要求,因为我们肯定是"知道"它的。所有的世界都在谈论古希腊的那种独一无二的"文化上的"意义。在做这种谈论的人当中,绝不会有人不知道,在这里,一种开端是什么以及如何是。

---

① 〈 〉内文字乃是为了意思通顺和完整,由译者根据原文意思加上的补充语。——译注

但是就连对于"古典时代"的一种有点儿迟到的热情，诸如对"人文高中"的照顾和促进，也没有显示出对开端性东西的任何更为本质性的姿态，只要这些努力仅仅是这当中出现的，即它们着力于对过去之物进行拯救，把自身拉回到一种流传下来的、以非常可疑的方式得到整理的"文化财富"中去，并且就此以为自身要胜于那些技术时代的狂热者。对于那种被特意把捉为任务的努力——即要去唤醒、展开和巩固对开端性东西的回忆——而言，对古希腊语的了解诚然是不可或缺的。为了对开端性东西的回忆，有一些必须为此而起作用的事物，对这些事物的教育是不能缺少对古希腊人之语言的传授的。但是，人们并不应从中引出这样一种错误的观点，即认为那些基于某些原因和意图对于古希腊语还有一种了解并且推动了一种"人文训练"的人会因此就已经具有了古希腊的世界。9不是每一个在人文高中求学的人，不是每一个在那里教书的人，也不是每一个对大学教师进行培训的人，都基于这种事实情况就已然拥有了对西方历史（亦即西方未来）之本质性东西之开端的知识。

有多少德国人"活着"，他们仿佛自发地说着他们的母语，尽管如此却永远不能理解康德的《纯粹理性批判》或荷尔德林的一首颂歌！因此，精通于希腊语的人，或者偶然地和通过自己的选择而对希腊语有所了解的人，还并非由此就有了什么证据可以表明，他能够对希腊思想家的思想予以深思；因为情形有可能是：他恰恰抗拒着这种沉思，因为他根本就没有投入到一种发问中去，因为他或许是作为一种教会信仰的信徒而自以为具有了真理。于是，在这些根本不罕见的情形中，对"古典"和"人文主义"（Humanismus）的热情甚至要比对这种"教育财富"的赤裸裸的无知还要危险。对古代的热爱遂就是为那种努力——努力地避开每一种决定性的沉思——而给出的一种托词。

因此，比一切语言知识更加本质性的始终是那种准备，即准备好去与我们历史的那一开端展开争辩，也就是说，去与那种本质性的东西——这种东西在此是作为决断而被预先抛置给这种历史并且被置为这种历史的根基——展开争辩。

这种对争辩——与开端进行争辩——的准备，真正说来，只能源出于历史即我们自身被移置到其中去的那种历史的必要性。倘若我们放弃了对这种必要之物的沉思并且坚持于对真理的占有，则对开端的每一种回忆都不可能了；在表面上看似还有这种回忆的地方，它也只不过是对值得追问之物的逃避和向过去的逃遁。

对开端的回忆是否是一种真正的回忆，要对此作出判断，其尺度决不能从对古典之复兴的一种兴趣中得到规定，而只能从对一种本质性的知识——这种知识关乎正在到来的东西——的决断中得到规定；并且这种知识甚至首先并不需要直接涉及我们历史的开端。

然而，至于我们是否只是在收集知识，我们是否只是在把过去的教育目标用作解释无沉思状态的托词，我们是否愿意使自身踏上通向沉思的道路，对此的检验，我们必须亲自承受。为此就应有内在的自由，但也应有这样一种契机，即要根本而首要地经验到，一种沉思是如何进行的，并且什么归属于这种沉思。

### f）本讲座的目标：沉思之为准备，与我们历史之开端进行争辩的准备

这个讲座想要提供的，就是达成这样一种经验的契机。在此被

先行思考的东西，您们应跟随思之并一道思之。这种思想也不是在什么大学结业考试的规定中被指定的，而且幸好不是可指定的。这种思想并不属于一种"必修科目"（Pflichtfach）；是的，它根本就不属于一种"学科"（Fach）。它也不效力于"普遍教育"的要求；它也不能给"所有学院的听课者"带来一种消遣。这种思想——我们就在其中沉思并且仅仅沉思于其中——根本没有赢得任何用益（Nutzen），因为它事实上使人看清了，一种东西，为了能够存在，是没有必要去"起作用"和取得用益的，而这样一种东西是存在着的。因此，我们就在这样一种思想中被托付给了我们本己的自由。

通向职业教育的可能性，对为此而必要的技能的习得，以及在那些并不直接归属于职业教育的知识领域中的传授，所有这类东西都始终可以在急难时得到追补和修补。与之相反，通向本质性沉思的瞬间却是稀罕的和不可重复的。这尤其指的那些属于一生的瞬间，这种一生或者是为了一切未来而唤醒了那些基本力量，或者是埋没了它们，又或是荒芜了它们。

"基础-概念"——在这个标题中存在着一种准备，准备去达到一切东西的根据并且不再放开它。倘若这种准备不是什么空洞的好奇心，则它就必须立即着手进行那种训练——对它为之做好准备的那种东西的训练，亦即，立即开始进行沉思。

现在是时候真正地进行一种简单素朴地沉思了。在这种沉思中，我们做好了与我们历史之开端进行争辩的准备。从对这一开端的这样一种回忆而来，或许会生长出这样一种猜想：历史所迎面走向的乃是这样一些决断，它们凌越于所有那些通常在目标设定上为现代人所熟悉的东西之上。倘若事实如此，则在这个世界瞬间中，德意志人就有必要知道，未来有可能会向他们苛求什么，倘若他们的"祖国之精神"必须是"民众的神圣之心"的话。

## 要点重述

### 1. 我们对"基础概念"的理解和我们与基础概念的关联（作为预感性的知识）

人们通常把"基础概念"理解为这样一些观念，它们或是在整体上为我们界定了一种对象领域，或是按照个别的但却起主导作用的视向而为我们界定了一种对象领域。因此，"力"这个概念就是自然科学的一个基础概念；"文化"这个概念就是历史学的一个基础概念；"法则"这个概念就是法学的一个基础概念，它也以别的方式而是自然科学的一个基础概念；"风格"这个概念就是艺术史研究的一个基础概念，但也是语文学的一个基础概念，而且事实上"风格"概念就源出于语文学，因为它首先意指的是写作的方式，于是也就意指了言说和语言的方式，最终也就关乎每一种"作品"的"造型语言"，而研究造型艺术和绘画的历史学家，甚至整个"艺术科学"，其所根本探讨的，就是这种"造型语言"。

如此被理解的基础概念以下述方式效力于少数科学：在这些科学对其领域的彻底研究中，这些基础概念充当了发问、回答以及阐述的主导线索。

然而，我们要更加严格地采用这个讲座的标题，并且在作出最初的阐释之后，我们也要相应地把它写作：基础-概念（*Grund-*

Begriffe）。这个标题现在道出了这样一种要求，即要取得一切东西——一切存在着的并因而可以叫作存在者的东西——的根据，或者说，要预感到一切东西的根据并且不再丧失所预感者。

因此之故，我们唯一的要务就在于，达到根据本身并且达到与根据的关联，但不是把"概念"作为单纯的观念之鞘壳来加以了解。与根据的关联，在只还是一种本质性的预感的地方，也已然是一种知识了。并且这种对本质性东西的预感，相较于对无实质之物的算清活动中的每一种安全感，也始终都更为本质些。

倘若在此谈论的是预感，那么这里说的就不应是这一情形，即以一种偶然的心灵状态的飘浮不定的感受来取代概念以及概念的严格性。"预感"这个词语应把我们指引到一种向度中去，要让我们去思考一下这回事情，即，那在此被应被带到知识中去的东西，是不能从人而来并通过人之单纯的任意而建立起来的。预感意味着对这样一种东西的把握和理解，这种东西走向和接近了我们，它的到来早已威临盛行了，只不过我们忽视了它，更确切地说我们仅仅是由于下述原因而忽视了它：因为我们的知识态度在整体上始终是含混不清的，不晓得那些最简单的区分，或者说，我们错认了最广为人知者的影响范围，也可以说，我们对之未予尊重。那在预感中的和为了预感的思想，在本质意义上要比可计算之物的任一领域中的任何一种形式性的、概念性的机敏都要更为严格也更为讲究。

但为了达成这种预感性的知识，对这种知识的谙习就是必需的了。进行这种谙习的基础条件不是什么入门知识，例如以仅仅从书本上读到过的哲学观点之汇编的形式出现的入门知识。基础条件乃是一种准备，即要准备好为了本质性东西而释放自身。单纯的认识，无论其是微小的还是广泛的，本身都什么也做不到。但另一方面，这也并不意味着，我们在根本意义上并且处处都可以缺少认识尤其是那些长成了的并且得到精心照顾的认识。还要看到，对这些知识的占据，只是一个"唯理性主义"时代的早已消逝了的理想目标中的一种。对于一种仅仅着眼于实用的思想而言，唯当它碰到一种损失的时候，唯当能力和认知的缺乏危害到对当前和未来之任务的解决的时候，它才会注意到过错和漏洞。

## 2. 当今时代中的知识之衰败：那种支持可用之物而反对可缺少之物的决断

今天的青年人所带来的那种知识财富，既不相应于任务的伟大也不相称于任务的严肃。只是从下述角度来看，知识中的崩溃才与"时代"的任务是相宜的，此即：这种衰败和那些任务一样，都是巨大的。

但是通过这样一种方式——我们突然开始越来越快地学习——我们并不会消除这些缺陷。急需之事乃是，我们要再度开始学会"学习"并且对尺度有所了解。单单通过引入新的和更加方便的"教科书"，是无法阻止精神之衰败的。根本讲来，青年人是不可以等待的，不可以一直等到从上面下地再次向他们提出要求，要求更彻底的认识和实际的深思；因为真正的和清醒的青年人的特权恰恰是反过来的：从自身而来展现和坚持知识之要求，同时是为了自身并因而是为了建设未来而展现和坚持知识之要求。人们偶尔也"阅读一本书"，这一事实被看作是小市民式的，这一看法并没有考虑到下述情形，即，我们必须要问一下，通常是从"表格""曲线""画报""无线电广播新闻报道"以及"电影院"中取得其"教育"的今人，一个如此混乱地被席卷旋转的、纯然是美利坚式的人，究竟是否还知道并且是否能够知道，何谓"阅读"。

但知识之衰败也不会通过人们仅仅弄清了先前是多么好和多么了不起而得到克服。因为恰恰是过去几十年的那种先前的教育事业早已不再能够激发精神的结合之力和本质事物的约束之力，也早已不再能够鲜活地维持之并如此这般地将其驱迫到沉思中去。在本质性决断的时代，随便地撤退到过往之物的做法和匆忙地对日常需求加以限制的做法，都同样无济于事。在此能行拯救之功的只有沉思和那种内在的抉择，即我们是愿意还是不愿意依然直面本质事物对我们的要求。先行于这一切的乃是这一问题：我们是否能在我们自身这里作出决断。倘若回答是肯定的，那么就应作出这样一种决断，即：我们是应坚持我们所需用的那种东西，还是说，我们应关注我们能够缺少的那种东西。

倘若我们坚持于我们所需用的东西，那么这就意味着（就您们①目前的情形而言）：我们是跟在那种东西后面跑的，这种东西对于一种尽可能迅速和尽可能方便的职业教育之完成而言乃是必要的。

相反，倘若我们同时关注我们所能缺少的东西，在极端的情况下，正如对我们在前线的一些年轻朋友而言的情形，此时近乎自发地伫立在我们眼界中的，就只是那本质性的东西。

我们在这里是如何作出决断的？对此作出揭示的标志绝不在于，这一些人报名参加了一门"哲学讲座课"，而另一些人放弃报名参加这门课程。所说的那种决断是如何作出的并且它是否被作出

---

① 指听此课程的学生。——译注

了，无人能够以某种标志或一种凭证予以直接确定。在这里，每一个人都醉心于他自身，醉心于他做给自己看的那种东西，醉心于他为之做好准备的那种东西。①

因此一个人就可以带着某种惬意了解了这种指示——对根本地奠基于现代②历史之本质中的、绝非当前之困境所造成的那种知识之危机的指示，而他的这种惬意在于：如此这般就有某种东西被道出了；他已经把他面对批评的那种不妥的微微一笑当作了一种成就。此外，人们就对一切听之任之了，并且不想对下述事情有所知晓：在此并非课程之设置而是青年人最本己的事情处于危险之中，青年人必须自力更生，最好的组织工作和最出色的教学计划在此都无济于事，因为在一切后面起决定作用的乃是对本质性东西的决断。谁若以为能够在此偶然听到的是那种确认，即对本己的、无决断的不愉快（Missvergnügen）的确认，谁就还活在错觉之中。

## 3. 作为对西方历史之本质性东西（在现代：无条件的意志和技术）的决断的开端

然而，现代人是由于下述原因而特别难以进入本质性东西中的，因为他在其他方面恰恰知道得太多并且想要知道一切。一切早先的东西对他来说都是一种过去了的东西，通过这种过去之物，他能

---

① 这几句话所勾勒的是实质上的无决断状态，作者显然对此持批判态度。——译注
② 本书译文中的"现代"多是对"Neuzeit"一词的翻译，此词除有"现代"意之外也有"近代"之意，但在西方语境中，这种区分并不明显（近代可以理解为"早期现代"），我们是以考虑始终以"现代"译之，个别地方也酌情译为"近现代"。作者在本书中偶尔也使用"modern"这个词，按《杜登综合词典》的解释，此词系德语中的外来词（来自法语，词源则来自拉丁语），意同"neuzeitlich"，故我们也译为"现代的"，不作区分。——译注

够按照需求来阐明后来之物和特有之物。早先的东西在此并没有什么决断之力，因为它不再被经验为历史的开端性东西。但开端只有在那里才可被经验为开端，即在我们自身开端性地运思和本质性地运思的地方。这种开端并非过去之物，毋宁说，由于它已先行决定了一切到来着的东西，它始终就是那未来之物；我们必须把开端思为这样一种未来之物。

在开端这个名称下我们理解了那些源始的决断，这些决断承载着并且先行承受着西方历史的本质性东西。首先归属于这种本质性东西的，是对真理之本质的规定，在真理之本质的光明中，西方人寻求、发现、确保并且转换着真实之物。

开端作为历史之开端仅仅存在于那个地方，即自由存在的地方，亦即这样一种地方，在这里，人类决断性地对待着存在者及其真理。部族和种族——倘若关键在于单纯之"生命"的话——也能够没有历史地生活；"生命"的单纯之过程还不是历史，即便其中"发生了"亦即经过了非常多的东西，它也仍然不是什么历史。

我们历史的开端乃是希腊；我们在这里看到了某种本质性的东西，这种东西在自身中还保藏着一些未得实行的决断。这一开端对我们而言并非"古代"，并且对此的沉思并非从那种意图——去拯救一种流传下来的教化财富——而来的一种单纯的致力。历史思想家雅克布·布克哈特①（幸亏他绝不是一位"历史学家"）在几十年前就已经说过：对古代的致力"有时就像对待一个贫穷而苍老的亲

---

① 布克哈特（Jakob Burckhardt, 1818—1897），瑞士艺术史与文化史学家，以对文艺复兴的研究著称于世。——译注

戚那样，由于面子上的缘故人们又完全不会让他灭亡。"①

那归属于开端之沉思的知识装备，在本讲座的任务中，直接说来只是为那种人——那种试图在此首次给出一种沉思之契机的人——所必需的。因此，在有必要使古老箴言的古希腊之言语（Wort）得到倾听的地方，翻译可能就足够胜任了，但条件是，对于言语向我们所道说之东西的阐释并没有出错，而且这种阐释是从我们本己的经验和知识的视界中得到彻底思考的。此外，没有其他任何一种语言能像德语这样适宜于翻译古希腊的言语，尤其是考虑到，古希腊的言语并不是被翻译到一种单纯现成的德语语用中去了，毋宁说，德语语用本身就此同时得到更新，变成开端性的了。

但是那真正使得现代人与其历史之开端疏远开来的东西，并不只是且首先不是那些其他的"语言"，而是世界观和在存在者中的基本立场的有所变化的方式。现代的基本立场是"技术性的"。并不是由于有了蒸汽机又有了内燃机，它才是技术性的，不如说，是因为这个时代是"技术性的"，才有了这类东西。被我们称作现代技术的那种东西，并非只是今天的人能够在它面前是主人或者奴隶的那样一种工具和手段；首要地并且逾越了一切可能的姿态，这种技术乃是一种业已明确了的世界之解释的方式，它不仅仅是规定了交通工具和食物供应以及娱乐行业，而且也规定了在其②可能性中的人的每一种姿态，也就是说，它预先烙印了它们的装备能力。因此，只是在那里，在事先和无保留地对技术无条件地说"是"的地方，

---

① J. 布克哈特：《世界史研究》，全集版第8卷：《遗著中的历史学残篇》，A. 奥伊里和 E. 杜尔编，柏林／莱比锡，1929年，第229页。——原注

② 这句话中的"其"和下一句话中的"它们"都指代的是"交通工具和食物供应以及娱乐行业"。——译注

技术才得到掌握。这意味着，对技术的那种实践性的掌握，在其无条件的施展中就已经先行预设了在形而上学意义上的对技术的屈服。伴随着我们当中的这种屈服就出现了这样一种姿态，即按照计划和计算来处理一切，并且又把这一工作安置到广阔的时空中去，以便蓄意地和特意地①确保一种尽可能长的持续中的可持续之物。

当诸王国持续了数千年之后，就是另一种局面了，因为在它们的持存中事情始终在进展着；当世界之统治被蓄意地（wissentlich）谋划了数千年并且持存之确保被纳入到那独一无二之意志（Willen）——此意志在尽可能大的尺度之尽可能大的秩序之尽可能大的持续中看到了一种本质性的目标——中的时候，就是另一种情形了。这种意志乃是三百年来现代的那一隐蔽的形而上学的本质。此意志显现在种种不同的早先形式和伪装中，这些早先形式和伪装并不确切地拥有它们自身和它们的本质。这种意志在20世纪中要求着无条件之物的形态，对于这一点，尼采已经清晰地先行思考了。在人的意求绝对掌控大地的意志中有一种共同意愿，这种共同意愿和这种意志的执行在自身中都包含了对技术的屈服，这种屈服因而也并非是作为憎恶和不满（Widerwille und Unwille）而显现的，而是显现为意志，也就是说，意志在这里也实际存在着。

但当人们把这种形而上的意志的执行解释为"独裁者"和"威权国家"之自私和任意的"产物"的时候，其所说出的只是政治性

---

① "蓄意地和特意地"（wissentlich und willentlich），这里是按其日常语用意译出，但其字面意含有"知识与意志"这一双重维度（且此二者以不同方式趋于统一），此维度对现代西方的哲学乃至技术具有决定性影响。作者这里的措辞显然有双关考虑。以下出现之处，不复注明。——译注

的计算和宣传，或者只是道出了一种搁浅了数百年之久的思想的形而上的一无所知状态，又或者只是同时说出了此二者。政治状况、经济处境、人口增长以及诸如此类的东西，只能是现代世界历史的这种形而上的意志之执行的最切近的诱因和领域，但绝非是其根据，并且因而也不是其"目标"。那种意求维持的意志——这始终也就是说，那种意求生命和生命之持续能力之提升的意志——蓄意地（wissentlich）针对着沉没（Untergang）而劳动着，并且在那仅仅短暂持续的东西中看到了缺陷和虚弱。

相反，对于我们历史的开端而言，在希腊那里，沉没乃是独一无二的东西，是瞬间性的东西，是值得赞颂的东西，是伟大的东西；当然在这里我们要作出区分，即在沉没（处在进入一种无与伦比者之进程中的沉没）和覆灭（在惯常东西之固执中的覆灭）之间作出区分。开端的那种不朽的东西并不在于开端之后果的尽可能长的持续中，也不在于开端之影响的尽可能大的幅度中，而是在于开端中的源始东西的那种重返再现——那每每变化了的重返再现——的罕见性与唯一性中。因此之故，我们也不能通过对从前事物的单纯的历史学了解而经验到开端，不如说，我们只有在那种东西——那种在开端自身中本质性地臻于知识的东西——的作用中才能经验到开端。

## 4. 谙习于与"值得思的东西"的关联，谙习于对根据的思考

19   如此，倘若我们偶尔地要在此去倾听西方开端性的希腊思想家的一句简短的箴言，则事情之关键首先就在于，我们（Wir）乃是听者，并且想到，一切都关乎我们（uns）。然而，为了能够思考这一点，

我们必须根本地在"思想"中进行练习。但通向思想中的这种谙习的最恶劣的道路就是一种关于"逻辑学"的大学讲座课了；通常的学院派的"逻辑学"——倘若它竟能思想的话——顶多是在进行"关于"思想的思想。但通过这样一种方式——人们在我们面前示范，他们是如何以一种恶劣的并且此外早已变得不可能的"关于"思想的方式来思想的——我们只是在学习不源始地思想，毋宁说，唯当我们尝试与那种东西——那先于其他一切东西而是值得思想的东西——达成本质性的和真正的关联，我们才学会思想。这种值得思的东西当然不是"思想"，而是那激发挑战着思想的东西，是那种将思想置于其本职位置中并如此这般才赋予思想以地位和尊严的东西。通过任何一种"逻辑学"我们都学不到这种本质性的思想。

"基础-概念"（*Grund-Begriffe*）所要说的是：理解（begreifen）一切东西的根据（Grund），这也就意味着，达成与一切东西之"根据"的关联。"根据"在这里所意谓的东西，必须逐步得到阐明；与根据的关联存在于何处，一种知识在何种意义上归属于这种关联，在何种意义上这种关联甚至本身就是一种知识，这些问题也同样必须逐步得到阐明。因此，倘若我们想要把"根据"与一切事物之"原因"等量齐观，倘若我们除此之外还想把这种原因阐释为第一因即按照《圣经》和基督教教义学之教训方式的造物主意义上的第一因，那我们就想得太过匆忙了。倘若认为在这些"概念"（Begriffen）中事所攸关的只是一种对根据的表象，这也同样想得太过匆忙了；应该得到更多深思的反而是那种方式，即根据如何把我们涵摄（einbegreift）到其①本质中去的方式，而不是这样一种方式——我们

---

① 这个"其"指代的是"根据"。——译注

仿佛只是把根据当作一种"对象"并且将其用于一种"世界解释"。

无论根据之本质、也无论"概念"（其意味着与根据的关联①）是如何向我们澄清自身和表明自身的，这一点始终是事先就清晰了的，此即：这里并不是一个人凭借一种深思熟虑的学说和观点就能任意地和在偶然的时间中对某种东西作出的阐释，也不是其通过一种"绝对命令"就能做出决断的东西。但我们也可以轻易看出，对迄今为止的关于"根据"和关于与"根据"之"关联"的观点和学说的考问顶多只是介绍了一种"历史学的"知识，而恰恰逃避了一切关键之所系的东西，逃避了那种沉思，正是通过这种沉思我们自身才进入到那种东西——那本质性地切中我们并向我们提出要求的东西——的切近之中。我们并不想要探讨学术观点，而是想要内在觉察（innewerden）②那种本质性的东西，我们就伫立在这种东西当中，或者是，我们在这种东西中或许还在被逐来逐去，既无立足之地，也毫无理解。

## 5. 历史性的人对于开端的本质性投入，对于根据之"本质"的本质性投入

现在是时候去倾听进入（hineinhören）我们自身所归属（gehören）的那种东西了；在这件事上，沉思穿越了我们究竟是否

---

① 作者认为应从动词意来理解"基础概念"中的"Begriffe"，问题因而呈现为一种双重结构：一方面是我们如何理解（把握）一切东西之根据，另一方面是此根据如何将我们包含（涵摄）到根据之本质中去。在此意义上，"概念"所根本意指的乃是"人与根据的关联"，事实上即"人与存在的关联"。——译注

② "innewerden"（领悟，觉察到）一词在字面上就带有"内在于……"之意。译文酌情译之。——译注

还归属于某个地方这样一些问题①。为了仅仅去预感到,我们能够归属于哪里,还是有必要去经验我们自身;不是按照一种在历史学上被给予的性质来经验"我们自身",不是按照一种恰恰现存着的处境来经验"我们自身",也不是按照在具体化中出现的人之样本来经验"我们自身",而是要着眼于那种东西——它规定着我们自身,是一种不同于我们自身的东西,尽管如此恰恰仍贯彻支配着我们的本质——来经验"我们自身":我们把这种东西命名为我们历史的开端,这一做法暂时还是任意的。在这里,"历史"绝不意味着作为一种"效应关联"——这种效应关联以后来的东西和今天的东西为其后果——的事件序列;历史在这里意味着一种对真理之本质的决断的本有事件(das Ereignis einer Entscheidung über das Wesen der Wahrheit)②,这一解释从表面看暂时也还是任意的。那种方式——存在者整体是如何敞开的并且存在者整体是如何让人内立在这种敞开域中的——就奠基在对真理之本质的决断中并在此决断中自行变化。这种本有事件是罕见的,并且这种罕见的历史——倘若它本有化了并且做好了准备(wenn sie sich ereignet und vorbereitet)——是如此地单纯(einfach),以至于人首先并且长久

---

① 这句话的意思是"沉思直接越过了、撇开了我们究竟是否还归属于某个地方这样一些问题"。——译注

② 作者在不同时期的文本(著作与私人通信)中多次申明,他所思考的"Ereignis"不是在"事件"意义上理解的,相应地他所理解的"sich ereignen"也不是通常意义上的"发生"。但在这里,若直接把"Ereignis"译为"本有",语义较难通顺,故按既有译法勉强译为"本有事件"。另外,"Ereignis"也可考虑译为"本成",此译名的一个长处是其有足够强的动态意,可免去"事件"意的纠缠,正文那句话遂可译为"历史在这里意味着对真理之本质的决断的本成","sich ereignen"则可译为"自行本成"或"本成化"。供参考。——译注

地忽视了它和错认了它，原因在于，人对惯常事物之多样性的熟稔适应扰乱了人的目光。

单纯的东西乃是最困难的东西，并且只是在长久的努力之后我们才能经验到单纯的东西。对我们历史之开端的回忆乃是对那种决断之认识的唤醒，这种决断现在还规定着并且未来还将规定着西方人类。对开端的回忆因而并非是向过去东西的一种逃遁，而是对未来东西的准备。

尽管有这样一种回忆，但我们自身还处处都处于危险之中，确切地说即这样一种情形，在此我们自身作为现成存在的人之样本和显露出来的人之群体始终还是无关紧要的东西。历史性的人只有在下述时候才会拥有其重要性，即当他处于且只要他处于与历史之本质的关联中，并且从历史之本质中获悉了一种要求——重要的东西和无分量的东西亦即无根据的东西正是通过这种要求而区分开来的。我们自身处处都处于危险中，这也就是说，那规定着我们并且或许早已变得不可辨识的真理，处处都处于危险中。然而，通过遵循某种自私自利和那单纯追逐着我们的利益的驱动，我们并不能发现我们自身。当我们成功地做到撇开不顾自私自利的东西和自己的东西，并把一种久已被忽视的东西提升到观照中，这时我们最有可能发现我们自身。由此而来，我们就会让我们被那开端性的东西所推动并且听到一种古老的箴言。

"基础概念"（*Grundbegriffe*），直截了当地说来，它在此对我们而言意味着：理解（begreifen）存在者整体的根据（Grund）。但"理解"并不仅仅意味着，我们去勉勉强强地表象根据并对此进行思考。当我们理解了某种东西的时候，我们也说，有某种东西对我们开显了（es sei uns etwas aufgegangen）。这当中于是就常常有这样一回事情：我们被移置到那开显的东西中去了并且从此以后就始终被它所规定。对于我们而言，"理解"（Be-greifen）根据，因而在这里首要地意味着，我们被根据自身包含（ein-begriffen）在根据之"本质"中，并且我们在我们的本质中为根据所召呼。理解向我们显示出，它自身乃是被包含在根据之"本质"中（*Ein-begriffen-sein in das 'Wesen' des Grundes*）。这种"被包含在内"虽然并不仅仅存在于一种"知识"中，然而它却具有一种知识的本质特征。但这种知识却可能长时期地自行隐蔽着并且自行阻断了通向它自身的道路。尽管如此，这种知识也还依然在这样一种遮蔽中贯穿于人类历史，并且在历史的山脉特征中乃是那原始岩石。人并不是通过单纯的（bloße）思想闪念而作出这种根据之知的，他也不能通过一种单纯的机敏之术而强求得到这种根据之知。他所能做到的并且因此也始终这样那样地予以遵循的东西，仅仅是这一点，即：或者始终内在于这种知识中，或者遗忘之，或者内在觉察（回忆）之，或者逃避之。

# 第一部分

# 对箴言的思考，
# 存在者与存在之区分

## 第一章 对"存在着/是"的探讨，对存在者整体的探讨

### 第 2 节 存在者整体是现实之物、可能之物和必然之物

倘若我们倾听那个古老的箴言：μελέτα τὸ πᾶν——"要关切存在者整体"（Nimm in die Sorge das Seiende im Ganzen），然后倘若我们试着思考一下存在者整体，我们就足够粗略地思考了存在者"存在着"（ist）这一如此实情，并且我们也思考了存在者"是"（ist）什么。我们思考的是在其存在中的整个存在者，是在其存在中的一切存在着的东西。在存在者整体这个问题上我们首先想到的是不

确定的东西和融合性的东西,尽管如此我们意指的却是那种独一无二的东西,对于这种东西,我们找不到可与之比较者;因为存在者整体并不是——得二这样得来的,否则它就不会是我们认为它所是的那种东西。

然而,对于我们而言,归属于那"存在着"的东西的,并非只是那恰恰现实的东西,现实之物切中了我们并推动我们走向事件、天命以及人之产物,走向在其规律性和灾难中的自然,走向那些几乎不可理解的力量,而这些力量在一切驱动和目标中、在一切价值评估和信仰立场中都已经在场了。对于我们而言,归属于"存在着"的东西的,也有那可能的东西。可能之物乃是我们所期待、希冀以及担忧的东西,是我们仅仅有所预感的东西,在它面前我们吓得往后退但仍然没有松手放开。可能的东西虽然是那还不现实的东西,但这种"还不现实的东西"对我们而言并不是什么无意义的东西。就连可能的东西也"存在着"(ist),只不过它的存在具有一种不同于现实之物的特征罢了。

与现实之物(它仅仅为我们所有)和可能之物又有所不同的是必然之物。因此,存在者绝不是在现实之物中就穷尽了;可能之物的丰富充足和必然之物的鲜明凛冽都归属于存在者。存在者的领域并非叠合于现实之物的领域。

倘若我们说"存在者",我们所意指的,就数量但首先是就特性而言,要比"现实之物"更多。的确,现实之物或许也根本不是那决定性的存在者。无论人们在何处为了人之生活而要求"贴近现实",若我们清晰地思考就会看出,这里真正所意指的"现实"并非现成存在的东西,而是被规划的东西,不是得到掌控的东西,而是未被道出的绝对命令。这种被多重命名的"现实之物"并非现实之物,而是"可能之物"。因此,只要我们说起存在者时意指的仅仅是现实之物,我们就永远不是已经在整体上思考了"存在者"。倘若我们从此以后认认真真地思考存在者整体,倘若我们因此要完整地思考它的存在,则在存在中就包含了现实之物的现实性,但也包含了可能之物的可能性,而且也包括了必然之物的必然性。

但为什么恰恰是这三种(可能性、现实性、必然性)归属于存在?是否仅是它们就穷尽了存在之本质?这些问题还始终需要追问。然而形而上学(存在学)事先就已不予沉思地断定,存在者的这三种方式——它们也径直被称作唯独仅有的三种模态(现实性、可能性、必然性)——穷尽了存在之本质。一个存在者或者是现实的,或者仅仅是可能的,又或者是必然的,这一点对于日常理性而言也显得是自明的;但这种自明性也许和另一种自明性一样,都是一种错误的意见,后一种自明性关系于这样一种看法:存在者是现实之物(Wirkliche)而现实之物乃是每每都恰恰在起作用的东西(Wirksame)和在有效性中持立着的东西。

## 第3节 对存在与存在者之本质性区分的不思

但在一切事物中对我们显得更为自明的乃是这一事情:恰恰存在者"是/存在着"(ist)[①],或者如我们所说,存在者是"通过存在"

---

[①] 德语的"ist"不仅有"是"之意,而且有"存在"之意。译者认为汉语的"是"尚还不能自然而然地融贯这两种义项,因此在译文中将按不同语境酌情译之。——译注

## 第3节 对存在与存在者之本质性区分的不思

而被规定的。当我们说:"存在者是/存在着"(Das Seiende ist),我们就每每都区分了存在者和其存在,而我们却根本没有关注这种区分。我们因而也没有去问,存在者和其存在的这种区分存在于何处,它源出于何处,它是通过什么而始终如此地自明,它从何而来取得了这种自明性的权利。我们也根本没有发现什么理由去让我们关心存在者和存在的这种区分。

当我们思考存在者整体或者只是试图大致地对此进行思考的时候,我们却甚至通常是让那种东西——我们在此所表象的东西,无论是存在者还是存在,无论是二者相交替还是二者相融合又或者二者相区分——未被规定和未被区分地处在一种几乎不可把握的关联之中。由此而来也就出现了一种古老的、言说中的混乱。我们说"存在",但真正意指的却是存在者。我们谈存在者本身,但根本上却指的是存在。存在者和存在的这种区分看上去甚至是不存在的。倘若它存在,对它的轻视看上去也没有造成什么特别的"伤害"。

事物自有其历程。然而,并不是当我们沉思了存在者整体并且特意地思考了存在者整体的存在,我们才处于所谓的这种存在与存在者的区分中。这种区分贯彻支配着我们对存在者的全部言说,甚至贯彻支配着我们对待存在者——无论其是我们自身所不是的存在者(石头、植物、动物)还是我们自身所是的存在者——的每一种行为。

例如,当我们完全外在于每一种科学思索并且远离于一切哲学沉思而说"天气是好的"之际,我们就用"天气"意指了一种现实的东西和存在着的东西,并且用"好的"意指了现实的状态,而且用那个不显著的"是"意指了一种方式,即这种存在者,天气,是如何这样那样地存在着的,因而也就是用"是"意指了这种存在者——它在这里叫做"天气"——的存在。"是"在这里命名的并不是存在者,不是诸如"天气"和"好的"这类东西。反过来说,"天气"和"好的"命名的是存在者而不是像"是"这样的东西。

  天气是从太阳温度、地球反射以及地球的地表情况、风(气流运动)、湿度分配、大气层的电压状况以及诸如此类的更多东西中得到规定的。对于天气和如此这般归属于它的东西,我们可以直接观察之并用适宜的设备来查明。然后我们就可以弄清,天气是好的还是坏的又或者是"不确定的"。对于天气的好与坏以及不确定,我们可以看到,可以感觉到;我们能够遇见天气和它的状况。但这个"是"待在何处?天气"存在着"(*ist*)并且天气"是"(ist)好的——这指的是什么?这存在于何处?好的天气——我们可能会为此感到高兴;但这个"存在着/是"呢?我们应拿它来做什么?诚然,我们可以在湿度计上读出空气之湿度是大还是小,但并没有什么工具可以查明和探测这个"存在着/是",亦即无法查明和探测我们用这个"存在着/是"所意指的东西。我们因而是极其烦冗地说下面的话的:有湿度计、风速表、气压计这样的东西,它们指示出天气是如何"存在着/是"的,但并没有"存在着/是"之仪表,没有任何仪器能够测量和表达这个"存在着/是"。尽管如此我们仍然说:天气——亦即它本身——是这样那样。我们就此每每都意指的是存在者是什么,意指的是存在者是否存在着,意指的是它如何"存在着/是";我们意指的乃是存在者之存在。然而,当我们意指的是这种东西亦即意指存在的时候,我们仍然始终只是在关注各个存在者(das jeweilige Seiende)①。

---

  ① 这里是按照日常语用意来翻译"das jeweilige Seiende",译为"各个存在者"。但在本书第二部分中,作者通过对阿那克西曼德箴言的阐释,对这个术语赋予了特别的含义,我们将在那里将其译为"每每片刻性的存在者"。——译注

在上述情形中，使我们"感兴趣"的是天气形势，是天气，但不是这个"是/存在着"。平日里，不仅仅是在与天气的关联中，我们有多么频繁地使用着"是/存在着"这个不显著的语词？但是，当我们每次或者哪怕只有一次特意地思及这个"是/存在着"，并且让我们逗留于兹而不是让我们立即投入且仅仅投入到各个存在者——关乎我们的意图、我们的工作、我们的消遣、我们的希望和忧虑的存在者——中的时候，从对这些日常事务的了结中会形成什么？我们所认识的是那存在着的东西，即存在者本身。我们所经验的是存在者存在着这一如此实情。但这个"是/存在着"——茫茫世界中我们应到何处去发现它？我们究竟应在何处寻找这类东西？

## 第4节 "是"之无处可觅

"叶子是绿的。"叶子之绿，我们是在叶子本身那里发现的。但这个"是"在哪里？但我们却说：叶子"是"（*ist*）——也就是说，它本身是/存在着，叶子是/存在着；因而这个"是"必然归属于可见的叶子本身。但我们"看"不到叶子中的这个"是"，除非它同时是有颜色的或者是得到空间性的塑形。这个"是""是"在哪里，这个"是""是"什么？

这个问题始终是足够奇特的；它看上去像是在进行一种空洞的吹毛求疵，此外它也像是对那种东西——那并未干扰我们而且无需干扰我们的东西——的吹毛求疵。果树培育自有其道，它并没有去深思这个"是"；植物学要求对植物的叶子达成认识，但此外却并不要求还对这个"是"（ist）知道些什么。存在者存在着（ist），这就足够了。且让我们坚持在存在者本身那里吧；想要对这个"是"进行深思，乃"是"咬文嚼字之举。① 但或者我们也要蓄意地避开对那个问题（应到哪里去发现这个"是"）的一种简单回答。

让我们继续看上一次给出的那个例子："叶子是绿的"。这里我们将把"绿色的叶子本身"，这个被称作存在者的东西，当作"客体"来把握。只要"是"在这个客体中是找不到的，那它就必然归属于主体，而主体在此意味着那个做判断的、道出那个命题的人。每一个人都可以着眼于与他相对待的"客体"而被看作"主体"。然而，那些"主体"的情形是怎样的呢，它们中的每一个都可以就自身而说"我"，它们中的许多个都可以就自身而说"我们"？就连这些"主体"也"是/存在着"并且必须"是/存在着"。倘若我们说，在"叶子是绿的"这个命题中，"是"存在于"主体"之中，这仅仅是在推延问题；因为就连"主体"也是一种"存在者"，因此这同一个问题就又重复发生了；我们或许还更难以说，在何种意义上"是/存在"（Sein）恰恰归属于主体并且甚至是这样一种方式归属之的，即"是/存在"仿佛是由主体而来被转承改制到"客体"上面去的。此外，当我们把绿叶理解为"客体"的时候，我们就立即理解了它并且只是在它与主体的关联中理解它的，而恰恰不是把它理解为自为的存在者，但在"是/存在着"（ist）和"是绿的"（ist grün）当中所言说的却是自为的存在者，为的是道出什么应归于存在者本身。

从多种角度来看，从客体向主体的逃避都是一种可疑的出路。因此我们还必须追溯得更远些（weiter ausgreifen），并且如此才能注意到，我们用"ist"［是/存在着］这个词究竟意指的是什么。

---

① 这是作者模仿所批判立场的口吻说的话。——译注

## 第 5 节　在语法规定中"是"的无疑问性
　　——空洞和含义之丰富

　　对于"ist",当我们把它视为"词语"的时候,我们遵照语法将其称作"sein"〔是/存在〕这个"动词"的一种变位和屈折变化的词形。我们可以通过前置冠词而把"sein"这个"动词"提升为名词,即："das Sein"〔是/存在〕。对于这些可在语法上得到规定的变位,我们是容易认识的;但它们却丝毫无助于对这些词语——"sein""das Sein""ist"① "sind"② "war"③ "wird sein"④ "ist gewesen"⑤——所命名的那种东西的理解。最终我们将会确定,为了理解这些词语,根本就不需要一种特别的帮助。

　　我们说,"天气是好的";可以有疑问的是,它是否真的好并且是否"持续",它是否更可能业已处于突变之中。关于这种存在者即天气的状况,是可以存在一种疑问的,但并非对这个"是"——亦即对这个"是"在此所意指的那种东西——存在一种疑问。即便当天气是"好的"还是"坏的"这个问题对我们变得可疑,即便当我们问"天气真的是像这个地段表面上看上去的那样糟糕吗?"——在这个问题中,这个"是"本身也始终完全没有疑问。这个"是"——

---

① 动词"sein"的第三人称单数的直陈式现在时变位。——译注
② 动词"sein"的第一人称及第三人称复数的直陈式现在时变位。——译注
③ 动词"sein"的第一人称及第三人称单数的直陈式过去时变位。——译注
④ 动词"sein"的第三人称单数的直陈式第一将来时变位。——译注
⑤ 动词"sein"的第三人称单数的直陈式现在完成时变位。——译注

亦即我们就此所意指的那种东西——本身并没有什么可疑之处。但它如何会变得可疑呢？因为事实上，在"是"这个词语中所思考的是这样一种东西，它根本没有什么特殊的内容，也没有什么明确性："天气是好的"，"窗户是关着的"，"街道是黑的"；在这里我们始终遇到了同一种空洞的含义。存在者的丰富和多样性永远都无关乎"是"（ist）和存在（Sein），而是关乎存在者本身：天气，窗户，街道，糟糕的，关着的，黑的。当我们谈起存在者说它这样那样地存在着（ist）的时候，我们可能会区分存在者与存在，但在这种区分中，"存在"和"是"始终是那种总是同等有效的东西（Gleich-gültige）[①]和尺度相同的东西（Gleich-mäßige）[②]，因为这种东西乃是空洞本身。的确，我们或许只是在以一种空口谈论的方式进入这些情形并把问题结系在一种语言形式上，而这种语言形式根本找不到现实东西中的支撑。毫无用处的咬文嚼字取代了对现实东西的研究！？

继续以天气为例，倘若我们说："下雨了"（es regnet），则在这里那个"是"就根本没有出现，但我们所意指的却是：某种东西实际"是/存在着"（etwas wirklich 'ist'）。那么我们在此就"是"这个空洞的小词所安排的烦琐之举，为的是什么？通过这种方式——我们把一个名词推到"是"（ist）的位置上并道出"存在"（das Sein）这个名称——"是"这个词的不明确性和空洞事实上并未被消除；它仅仅是被加固了。

---

[①] 此词语用意为"无关紧要的东西"，这里按字面意译出。作者在此有双关指涉。——译注

[②] 此词语用意为"稳定均匀的东西"，这里按字面意译出。作者在此有双关指涉。——译注

### 第5节 在语法规定中"是"的无疑问性——空洞和含义之丰富

看上去,在名词"存在"现在所意指的那种东西中可能还隐藏着一种重要的事情,隐藏着某种特有的东西并且是在这种情形下具有特别深度的东西,虽然"存在"这个名称始终只是一个表示空洞的铭牌。

尽管如此:在"是"这个词的单调和空洞背后仍隐藏着一种几乎未被思考过的丰富。我们说①:"这个男人是从施瓦本来的"(Dieser Mann ist aus dem Schwäbischen);"这本书是你的"(das Buch ist dir);"这个敌人是在撤退中"(der Feind ist im Rückzug);"左舷侧是红色的"(Rot ist backbord);"上帝是/存在着"(Gott ist);"在中国存在着大洪水"(in China ist Überschwemmung);"这个杯子是银制的"(der Becher ist aus Silber);"这个士兵是在前线"(der Soldat ist im Feld);"在田地里存在着马铃薯瓢虫"(auf den Äckern ist der Kartoffelkäfer);"报告是在5号阶梯教室"(der Vortrag ist im Hörsaal 5);"狗是在花园里"(der Hund ist im Garten);"这个人是着魔了"(dieser Mensch ist des Teufels);"在一切巅峰之上/是宁静……"(Über allen Gipfeln/ Ist Ruh ...)。

这个"ist"[是/存在着],每一次都具有一种不同的言说之含义与范围;我们想要把这一点特意予以突显,我们并不害怕这种烦琐,因为这样一种在自明东西中的环顾可以作为对其他东西的预先练习而效力于我们。

"这个男人是从施瓦本来的"说的是:他来自那里;"这本书是你的"想要说的是:它归属于你;"这个敌人是在撤退中"意味着:

---

① 以下句子为了对应译出原文中的"ist"而进行了必要的硬译。——译注

他已经开始撤退了;"左舷侧是红色的"意指:红色充当了……的标志;"上帝是/存在着"所要说的是:上帝实际存在,祂实际地如此存在着;"在中国存在着大洪水"意味着:〈洪水〉在那里支配着、蔓延着并且摧毁性地作用着;"这个杯子是银制的"意思是:就其质料性质而言,它由……构成;"这个士兵是在前线"所要说的是:他在对抗敌人;"在田地里存在着马铃薯瓢虫"这句话查明了:这种动物在那里造成了损害;"报告是在5号阶梯教室"意指:报告在那里举行;"狗是在花园里"想要说的是:狗处在那里,它在那里转悠;"这个人是着魔了"意味着:他的举动如同被恶魔附身一样;"在一切巅峰之上/是宁静……"意味着——哎呀,这是什么意思?"宁静处在"一切巅峰之上?或者:"发生"?"实存"?"蔓延"?——"在一切巅峰之上/是宁静……"——。在这里,前述对"ist"[是/存在着]的解释中没有一个是确切适用的,并且倘若我们把上述解释堆积起来并统合计算,它们的总和也无济于事。的确,根本就不会有任何解释与之适合,以至于我们还是干脆谈谈"是"本身就行了,因此它始终是同一个"是",但却是突如其来无法解释地单纯素朴和独一无二,这同一个"是",在歌德的那寥寥几行诗中被随口道出,歌德是在伊尔梅瑙①的奇克尔哈恩②山上的一个小木屋的窗楣侧柱上写下了它们(参见歌德1831年9月4日致采尔特的信)。

多么奇特啊,面对着歌德的"在一切巅峰之上/是宁静……"这句话,我们在一种尝试性的、对常用的"是"的解释中犯了踌躇并且对解释本身犹豫不决,然后就完全放弃了这种解释并且仅仅是又

---

① 伊尔梅瑙(Ilmenau),德国图林根州城市。——译注
② 奇克尔哈恩(Kickelhahn),图林根森林中的名山,位于伊尔梅瑙附近。——译注

### 第5节 在语法规定中"是"的无疑问性——空洞和含义之丰富

一次地说起了同样的话:"在一切巅峰之上/是宁静……"。我们在这里放弃了对"是"的解释,不是因为这种理解可能太复杂、太困难甚至没有指望,而是因为"是"在这里是这样被说出的,即它仿佛是第一次并且是独一无二地被说出的。这种独一无二的东西是如此单纯素朴,以至于我们根本不必还为它做些什么,就可以被其所召呼。因此"是"的"可理解性"抗拒着一切解释,但这种"可理解性"或许却具有一种与那种熟悉性——在这种熟悉性中,"是"通常是持续未被思地在日常言语中为我们所遇到——完全不同的品性。

尽管如此,歌德诗歌中的这个简朴的"是"却又远离了单纯无规定之物和空洞之物,这种无规定之物和空洞之物我们是很容易克服的,只要它仅仅是通过理解之草率而形成的。相反,虽然其明白易懂,我们在这里却根本不胜任这个语词的那种要求(Anspruch)①,但又为此而被准许进入一种不可穷尽的东西中了。

"在一切巅峰之上/是宁静……",在这个"是"中,那独一无二的东西——它属于一种被聚集起来的丰富——道说着。不是无规定者的空洞,而是超限洋溢者的丰富在此阻止着对"是"作出一种直接的界定和阐释。"是"这个不显著的(unscheinbare)语词因而开始在一种明亮的光线(Schein)中闪耀。那个判断,那个仓促的对"是"之不显著状态的判断,于是就动摇了。

对于那种东西——这个"是"所要说并且能够说的那种东西——的丰富,我们只有按照其他诸多视角、从此前列举的那些语句的多样性而来,才能予以辨识。倘若我们尝试把"是"之含义中的一种,

---

① 在后期海德格尔的思想文本中,Anspruch 这个词语往往同时具有语用意的"要求"和本质性的"召呼/切近攀谈"这两种意思。译文只能勉强译出。——译注

从前述那些语句中的一个语句转承到另一个语句中去，这一尝试立即就会失败。"是"之空洞与单调因而就表明自身乃是一种粗糙的假相（Schein），这种假相只是追随着文字内容（Wortlaut）与文字形态（Schriftbild）的一致。但所宣称的那种丰富又应如何处于"是"本身之中呢？

"是"这个语词，就其自身来看，始终是无助的和缺乏含义的。为何"是"是这样一种情形甚至必须是这样一种情形，这也是容易看清的。"是"之含义的多样性的那一明白易懂的根据仅仅在于，在前述那些语句中每次都是另一个存在者被表象了：来自施瓦本的男人，书，敌人，红色，上帝，大洪水，杯子，士兵，马铃薯瓢虫，报告，狗，恶魔般的人，最终在歌德的诗中——什么？"宁静"？"宁静"在这里是被表象了吗，并且是某种关于宁静的东西被查明了吗，即宁静现成存在于"一切巅峰之上"？

我们在这里又一次地踌躇于这种解释，并且这也不应使我们感到惊奇，因为前述那些语句是"散文式"的论断和断言，而在最后一个例子中端呈出的恰恰是一个"诗歌性"的语句。在那些"诗性的语句"中——倘若我们确实可以把它们叫做"语句"的话——诸物事实上并不像在熟悉的日常言语中那样明显可见。"诗性的东西"乃是例外，规则和规则性的东西不应在它那里被推断出来，也就是说，那种关于"是"的、可以根本和普遍地得到澄清的东西，不应在它那里被推断出来。因此，唯当"是"之含义首先在常见的断言句那里被充分阐释之际，我们或许才可以希望，我们能够上升到"更高的"、"诗性的"表达中并尝试着对其作出阐明。因此之故，下述做法或许才是妥善的：我们不要让我们被"诗性的"例子——它只是附着于语句序列的末端而已——过早地给搞糊涂了。

但前述那些语句却满足了这样一种证明,即:这个"是",每每都是从各个被表象的并且在语句中被述及和说出的存在者中取得其含义的。只有以这样一种方式,这个"是"才能逐一地充实那种通常并且本真地附着于它的空洞,并且自行呈现在一种得到充实的语词的假相中。

## a)"是"之空洞和不确定性乃是其"系词"之存在的前提

对上述例子的援引因而恰恰证明了本应得到指示的那种东西的反面,也就是说,没有证明"是"之丰富,而恰恰是证明了它的空洞。因此,这个语词——这个用法多样的语词,这个不确定的并且不可进一步得到规定的语词——首先给出的那一印象,就得到了证实,这个语词的本性得到了证实。事实上,对"是"这个语词之空洞的主张此外也还可以得到特别的证明,只要我们立即停止对这个词语的泛泛而论就可以了。让我们来关注一下这个词语的特征,而不是其用法的诸多例子(这些例子很容易被扩充到无穷无尽的数量)。在这个问题上,"语法"给出了答复。按照语法,"是"之任务在于连接"主词"和"谓词";"是"因而就叫做"联系"或"系词"。

连接活动始终依赖于应被连接的东西,并且联系的方式是按照应进入连接中的那种东西的方式而得到规定的。"是"具有系词之特征,这一点足够清楚地指示出,在何种程度上其含义必然是被空洞和不确定性所突显标明的;因为只有这样,"是"才能在此满足那多种多样的语用,即它在言语中始终被要求交出的那多种多样的用法。"是"不仅事实上始终是一个空洞的语词,而且就其本质来看——它乃是联系之词——也不可以有什么特殊的含义被预先加诸其上;因此,就其本己的含义而言,它必须完全是"空洞的"。

## b)存在("是")作为一般者和普遍者

"是"(ist)的单调因而就不能被视为单纯的假相;正是这种单调标识出了这个词的特性并由此给出了这样一种指示:就连从其不定式"sein"派生而来的名词"das Sein"[存在/是],也只是表明了一种或许是必不可少的但根本上却全然空洞的观念;我们撇开不顾存在者和其各自的确切性并且仅仅坚持这个空洞的普遍者,由此我们就赢得了这个空洞的观念。因此,长久以来,人们把"存在"命名为最普遍者,"一般者",所有一般者中的最一般者。在这个语词和它所命名的那种东西中,当下存在者的本然东西蒸发为最普遍者的最稀疏之烟雾。尼采因而把"存在"命名为"雾化着的实在的最后一缕烟雾"。

但倘若存在如此这般地雾化了和消失了,从存在者与存在之区分中还会生成什么东西呢?

在这种区分中我们事实上"有"两种不同东西摆在我们面前:存在者和存在。但倘若在这种区分中这两种不同东西的其中一方,亦即存在,只是另一方的最空洞的普遍化,并且其本质还要归功于这另一方,倘若所有持存性的东西因此都移置到存在者这一边了,并且存在事实上什么都不是而顶多只是一种空洞的词语声响,那么这种区分就根本不可被用作一种全然有效的区分。若要是一种全然有效的区分,这两"方"的每一方都必须能够从自身而来坚守一种真正的和有根底的本质权利。

倘若我们要思考的是存在者整体，那么我们就能够给存在者的那种虽然最普遍但也最空洞的东西配备上"存在"这个名称。然而我们立即就走入迷途了，倘若我们，被"存在"这个名称的命名和提出所迷惑的我们，追逐于所谓的"存在本身"，而不是仅仅去思考存在者的话(ist ... —sein—das Sein—das Sein selbst)。但事实上我们根本就不会误入歧途，而是仅仅掉入了那根本微不足道之物的单纯之空洞中，在这里一切询问都不再能找到什么支撑，在这里也绝没有什么东西可供一个人在其中迷失。因此，倘若我们想要追随"μελέτα τὸ πᾶν"[要关切存在者整体]这句箴言，我们最好适时地避开"存在"这个词语所命名的那个"抽象概念"的幽幽磷火。

## 第6节 健全人类知性的口号：在存在者中行动和作用而不是对存在作空洞的思想（工人与士兵）

但是对现实之物的一种清醒的觉知和对"实在性"的一种健全的直觉，说到底根本就不需要如此辽阔的思考，这些思考本来就已经足够"抽象"了并且还要证明抽象东西的空洞和无根基性。存在者整体是什么，对此，那刚刚成长起来的人不是通过对一种空洞的关于"存在"的思想的扭曲而经验到的，而仅仅是通过在存在者中的行动和作用而经验到的。然而并不是每一种随随便便的活动都已允予了一种与现实之物的共生并因而允予了与抽象之物有别的"具体之物"。当然，为此就需要有对时代之内在法则的参与。但这种参与在何处存在，何处也就会有轻松愉快的知识苏醒过来，并被托付给一种必然之物，也就是说，为此而是必不可少的。这当中存在着自由存在和自由的一种特有的概念，此概念曾被尼采所道出（参见《偶像的黄昏》，1888 年）。

但有谁会想否认这一点呢：对现实东西的积极参与每每都是在知识和行动的不同层面上运行的，并且尤其必然是为了这样一个时代而运行的，在这个时代中，"权力意志"处处且独一无二地规定了行动的基本特征并且还支配着那些看上去彼此最为对立的行动，以至于从过去的世界中不再有什么东西留存下来了？有谁想要否认这一点呢：在这里，一切人的规划活动和作用活动都特别清晰地表明了一种伟大"游戏"的特征，在这种游戏中，既没有什么个人也没有全然之集体能够筹措这样一些赌注，以便其在这种"世界游戏"中被游戏？有谁会对此感到惊奇呢：在这样一个时代，过去的世界分崩离析了，想法苏醒了，现在只有对危险的那种兴趣，亦即"冒险"，还能够是这样一种方式，人在这种方式中确信着现实之物？

尼采有云："……每一个更高的人都感到自己是冒险家。"[①] 这一点无论在何种情况下都变得清晰可见了，此即：一切从过去的"世界阐释"那里借来的对人类和其使命的阐明都立即落在那存在着的东西的后面了。在此期间，超逾了一切更狭隘意义上的"政治性"学说体系而具有决定性意义的是，"工人"和"士兵"普遍地规定了现实之物的面貌。这两个名称在这里不是用来表示一种民众阶级

---

① 尼采：《遗著作品：来自价值重估时代(1882/83—1888)的未发表文本》；《尼采全集》第 2 部分，第 13 卷，莱比锡，1903 年，第 54 页，第 128 条。——原注

和一种职业。它们以一种独一无二的融合标识着人类的特性，人类被今天的世界动荡给决定性地取用到它的实行中去了，并且为那种关联——与存在者的关联——给出了向度和安排。"工人"和"士兵"因而乃是形而上学的名称，它们命名的是那变得公开昭然的存在者之存在的人性的实行形式（die menschliche Vollzugsform des offenbar gewordenen Seins des Seienden），尼采曾以先行思考的方式把这种存在理解为"权力意志"。

在上世纪八十年代，尼采就已经清晰地看到了人类的这种自行开路的烙印，但绝不是依据于对社会和政治状况的观察，而是根据那种形而上学的知识——对作为权力意志的存在的那种自行完成着并因而早已是决定性的本质烙印的认识——而获得这种洞见的。

有三条札记，它们来自 1880 至 1890 的十年间，或许可以证明上面所言；但我们在此却必须放弃对其作出更详尽的阐释。

1882 年，尼采写道（《权力意志》第 764 条）：

"工人有朝一日应像现在的中产者那样活着；——但却逾越他们，通过无所需求来标示自身，是更高的等级：亦即更贫穷和更单纯，但却掌握权力。"

1885/1886 年，尼采写道（《权力意志》第 757 条）：

"现代的社会主义所意求造就的，是耶稣会教（Jesuitismus）的世界性的派生形式：每一个人都是绝对的工具。但目的是什么，所求为何？迄今都未被发现。"

1887年11月/1888年3月,尼采写道(《权力意志》第763条):

> "从工人的未来而来。——工人应像士兵那样学会感受。一份报酬(Honorar),一份薪金(Gehalt),但不是什么工钱(Bezahlung)!①
>
> 在付钱和业绩之间没有什么关系!毋宁是,要按照其本性来如此置立个体,即他能够做出在其分内的最高的东西。"②

在尼采的这些札记中,"工人"、"士兵"以及"社会主义"已经是这样一些名称,它们表达了承载着权力意志之实行之主要形式的决定性的载体!

"工人"和"士兵"开启了通向现实之物的大门。它们同时实施了对人之创作(它迄今一直被称作"文化")之基本结构的一种重铸。按照以往观念的解释,文化乃是"文化政治"的一种工具。只有当文化始终被接通(eingeschaltet)到一种政体的持存之确保的工作进程中的时候,文化才存在着。在这里,为了命名这种关联我们使用了"接通"(einschalten)这个词,亦即使用了一个来自机械技术和机器操作的表达,这本身就仿佛是一种自发涌入的见证,即对在此臻于言语的现实之物的见证。"工人"和"士兵"这些名称虽然是流传下来的名称,但它们却能够大致地对地球上的升起着的人类作

---

① 这三个词的细微差别在于:Honorar 和 Gehalt 突显了报酬与业绩的内在关联(前者的词源意思是与"荣誉"有关),相比之下,Bezahlung 更多地是表示"付钱买……"。——译注

② 尼采:《遗著作品》,第16卷:《权力意志。一种重估一切价值的尝试》,第3卷和第4卷,莱比锡,1911年。——原注

出其本质范围内的刻画。当农民变成供给工业的工人之际，这种进程与那种进程（一个权威学者在一所研究院里变成企业活动的负责人①）并无二致。倘若人们按照以前的"政治"观念来看待这些进程比如将其称作一种"无产阶级化"，并且甚至认为由此就已经理解了最细微的东西，但这却只是倒退而已，因而只是一知半解，根本就没有认真思考。与人的自然惰性相应的是下述做法：从过去事物而来阐释一切，并且如此这般地从已然现实存在的东西和其本质性的领域中推断出自身来。只有梦想家和空想家才可能想要否认这一点：在当前这个时代，在整个地球之上，人作为工人和士兵经验了真正的存在者并且备好了那种只应在此能被视为存在者的东西。

只有那始终情绪不好的人和惯于恼怒的人才会想要通过一种向过去事物的逃遁——他们对于这些事物之先前的塑形和维持并没有任何贡献——来阻止本质性的决断。然而对时代之法则的那种真正的内在的参与也在本质上有别于那种仅仅代表了"乐观主义"的态度；因为单纯的乐观主义仅仅是一种隐蔽的悲观主义，亦即那种逃避自身的悲观主义。在整个地球的动荡时代中，悲观主义与乐观主义始终同样地并且处处都无能于面对那急难之事。首先必要的始终是那种清醒，即对存在着的东西的认知与沉思的清醒。但属于这种清醒的却是对真理——时代之历史就服从于这种真理——的承认。属于这种清醒的也有这样一种发问，即这个世代的独一无二性是否要求了此在的一种本源性，但在"忙碌的"生活之外也在"精

---

① 在作者看来，"企业活动"（Betrieb）是现代科学的基本规定之一，科学研究在本质上乃是企业活动。参见海德格尔：《林中路》，孙周兴译，上海译文出版社，2004年，第85页以下。——译注

神上"感兴趣并且从事操持所谓的文化事务,还不足以够得上这种本源性。对于这种沉思之清醒的真正激情而言,即便最好的乐观主义也还是太过于麻木,而每一种悲观主义也都还太过于盲目。这一切应该指示出,那种诉诸对现实之物的参与的做法,在任何时代都还服从于另一种法则,此即:这种对现实之物的参与并非每次都径直保证了对存在着的东西的经验。虽说在今天,"工人"和"士兵"是通过其共同造就其烙印而对存在者予以经验的。

## 第7节 对存在的放弃——对存在者的经营

但借助于这种经验,"工人"和"士兵"也就已然知道存在者之存在了吗?非也。但或许他们也不再需要知道存在者之存在。或许说到底存在者之存在一直以来就从未被那些直接塑形、制造和表象存在者的人所经验到。或许存在始终只是以"(尽管……)仍然"的方式并且像某种看上去"多余的东西"那样被带到认知中的。

倘若如此,则在历史性人类的领域之中,除了不可穷尽的存在者之多样性和丰富性之外,就始终还有这样一种"多余的东西"昭显出来,此即:存在。并且始终就还有必要去问一下:这种"多余的东西"是否也是一种有余和丰富的赠礼,这种多余的东西是否始终只是无用之物并且始终只是那种空洞——在系词"是"中早已足够清晰地向我们预示自身的那种空洞——的缺乏状态?

突如其来地,我们已经又再次思考了存在者与存在的区分。或许存在就不会如此轻易地——像在对系词的探讨中看似成功做到的那样——让自身被推到一边去。即使我们确定,人在他对存在者的

## 第 7 节 对存在的放弃

一切经验和推动中对存在并不直接知道什么,甚至根本就不需要特意地对之知道什么,但由此还绝不是对此作出了裁定,即:他在一切存在者之前所经验到的那种东西,以及他所经验到的与每一种存在者有所不同并且更为源始的那种东西,是否就是我们称作存在的那种东西。"是"这个词所意指的只是对某种不确定之物和不可进一步规定之物的一种空洞的表象观念,对此的指示也不再能够满足对下述问题的裁定,即与存在者有别的存在"是"什么。

我们现在只是赋予那不可否认的"事实"以这样一句话:对存在者的直接经验是被存在者所确保的并且是在存在者之中满足自身的。人们在现实之物本身中发现了对"现实性"的证明,并把这种东西(现实之物)和那种东西(现实性)等同起来,倘若人们承认"现实性"还有一种特有的本质,则这种本质的作用就在于,把最普遍者的那种"普遍观念"(所谓的存在)坚持在一种空洞的语词声响中。人们满足于存在者并以这样的方式坚决放弃了存在,即人们根本就没有让这种放弃被视为放弃,而是将其冒充为收益,冒充为获益,从此以后在对存在者的经营(Betreibung)中就不再被"抽象的东西"所干扰。这种奇特的易于满足是从何而来的?

或许,这种自身之易于满足源出于对存在者的经验和订置(Bestellung),即人在存在者之中所挂念的仅仅是他所需用的东西。他为何会需要对"是"这个词语的含义进行探讨呢?事实上——这乃是某种无用的东西。倘若应指出,我们在此处理的不是单纯的词语和单纯的词语含义,则对语句中"是"的探讨也就始终是无用的。这种沉思对准的是某种多余的东西(Überflüssiges),或许甚至对准的是一种丰富(Überfluß)。

因此之故，我们就不要把对语句中的"是"的探讨仓促地抛到一边去。或许其中隐藏着某种本质性的东西，尤其是因为，下述情形对于本质性的东西是适用的：在一切非本质性的东西面前，一切本质性的东西都成为了"不管不顾"（Trotz）；在通常的东西面前，一切决定性的东西都始终是"（尽管……）仍然"（trotzdem），因为通常的东西和流行的东西所认识和意求的仅仅是与之同类的东西。

或许先前对"是"的那种探讨（在那里我们把"是"理解为系词）也只是一种惯常的探讨，是通过一种漫长的习惯而变得惯常的，即习惯于这一点：所谓的"语法"被认为掌管着这样的事情，即对语言和词语给出决定性的答复。或许这种惯常的东西恰恰首先必须被震动，以便我们对那多余的东西首次达成一种观照。因此之故我们想要对"是"和"存在"重新展开探讨，但同时也要离弃以往意见的轨道。

## 要点重述

### 1. 对存在者整体的思考以人对存在和存在者之区分的本质性进入为前提

我们遵循着一个古老的箴言，并因而摆脱了一种顽固之机敏的那轻率的傲慢，这种机敏想要想出的或许只是一种世界看法（Weltansicht），或者想要"操持"一种特别的观点。这个箴言说道：

  μελέτα τὸ πᾶν。
  "要关切存在者整体。"

但这个箴言绝不是充当了一种无时间的规则，不如说，它要求着对它的遵循，即我们要返回到此箴言自身所归属的那个开端中去并且在开端的东西中经验一种独一无二的决断；对这种遵循的满足并不意味着对早先东西的模仿和更新，而是对未来东西的开端。遵循此箴言，同时并且一体地意味着：对开端东西的回忆和对未来东西的决断。在所有这一切中存在着这样一回事情：我们虽然必须把希腊思想标显为第一开端的东西，但决不能将其作为"古典东西"预先规定为我们的规则。

遵循着这个箴言，我们思考了存在者整体并且发现我们被迫也要把可能的东西承认为存在者并且也要把必然的东西承认为存在者。我们因而必须放弃那起初颇有诱惑力的做法，即把存在者与单纯的现实之物等量齐观。现实之物虽然在我们的经验、表态以及规划中保持着其优势，但这种优势并不必然意味着现实之物在存在者整体中的优势。但即便我们不仅在现实之物中而且还超出其外在可能之物和必然之物中来经验存在者，我们如此这般是否就已经彻底衡量了存在者领域，这一问题仍然始终是未决的。

但我们此间也已同时看出，当我们思考存在者之际，我们"就此"每每都是在思考存在。存在者整体既不是一切存在者的总和，也不是意指，整个存在者已经被思考了，倘若可以成功地表象其"整体性"的话。因为当整体性不是对整体而言的单纯事后的东西，而是在一切存在者中拥有规定者之领先地位（因为整体性彻底定调了存在者整体本身，将其"作为存在者"予以定调）的时候，这种整体性本身就只是那种东西——那种标示突显着存在者之为存在者的东西——的一种附和之物。这种标示突显着的东西，我们称作"存在"。通过我们思考存在者整体,我们就思考了整个的存在者之为存在者,并且已经是从存在而来思考它的。我们如此这般地每每都已区分了存在者和存在,但却不知道,这是如何一回事,是从何而来以及其缘由何在。

显然我们并非才作出了这种区分,而且也不是像携带一种知那样携带着它(就仿佛对例如红色和绿色的一种随意的区分),毋宁说,我们运作在存在者和存在的这种区分中,就好像我们事先就已保持在右和左的区分之中那样;事实上,比起我们进入右和左的区分,我们之进入存在者与存在的区分在本质意义上要更为源始,然而在右和左的区分中,所区分者还是同类的并且关乎的是空间性东西的特殊领域。

倘若需要特意证明,我们始终逗留在存在者与存在的这种区分中并且是在这种逗留中发现我们自身的,那么下述一种指明现在就可以满足我们了,此即:通过言说"是",我们持续不断地在对存在者的行为中命名着存在。我们是否就此特意道出了包含着"是"这个语词的语句,或者我们是否一声不吭地忙碌于存在者或致力于存在者,都是一样的。无论何时我们开口说话,我们必然始终都在言说着"是",这一点指示出,我们"如此这般"命名的东西,亦即存在,意求进入语词之中,但却是进入这一语词中,对于它,我们同样持续地听而不闻。对"是"的这种错认类似于那种听而不闻——在日常逗留的惯常环境中对那过于日常的、均匀的钟摆摆动声听而不闻。只是当钟表停止了,我们才听到了钟表的运行。如此这般地,只是当在言说中出现了一种中断,我们才会注意到"是"以及由此所说的东西。然而我们只能以假设的方式经验这种中断,只有在可能性中、从来都不能实际地经验这种中断。我们可以假定这样一种情形:"我们"完全做不到去言说"是"或者哪怕只是去思考之。接着会是怎样一种情形,每一个人都可以自己想象出来。足够多的情形却是:我们根本还只是"外在地"思考着随便哪一些断言句,在其中我们不假思索地由此言说着"是"这个不起眼的语词。

我们思考着存在者整体并就此思考了存在。我们因而在思考之际运作在存在者和存在的区分中,但不是这样一种情形,即我们像运用一种熟知的规则那样运用这种区分并且诉诸这种区分。我们应合于这种区分,但却没有特意地知之,或者根本没有理解其本质和其本质根据。说到底,当我们说起"存在者与存在"的这种① 区分的时候,或许我们已经说了太多并且说了不适宜的东西;因为一种区分已经由此而被对象化了,而我们却不能在下述问题上给出指示:这种区分归属于何处,是否只是因为我们实行了这种区分才有了这种区分,或者是否,人之所以实行这种区分,是因为某种本质性的东西规定了人,而对于这种本质性的东西,我们却似乎想要从外部而来在存在者与存在之区分的空洞名称下把持住它。否则许多东西就都不一样了。② 这种本质性的东西不是一切可区分的东西,它应被称作区分(Unterscheidung)! ③ 但对这种区分的言说却应表

---

① 原文的着重处理意在表明这种区分的独一无二性。——译注
② 这里的"否则"是就前面的"或许我们已经说了太多并且说了不适宜的东西"这句话而言的。——译注
③ 作者在此对其后期思想的一个至关重要的概念即"区分"(Unterscheidung)作出了定位性的解释:区分乃是规定着一切区分者亦即存在者的本源,区分即存在自身,区分即本有。"Unterscheidung"具有强烈的动态意,其名词形式为"Unterschied",由于汉语的"区分"事实上兼有动态意和静态意,中译是以并不考虑在这两个术语的译名中再

明：这种区分乃是一切区分者的本源。

此区分亦即"存在者与存在"之区分含有这样一种指示：根本说来"存在者"在自身中包含着与存在的关联（Bezug）。我们在与存在者的每一种关系（Verhältnis）中是如何到处都仅仅诉诸存在的，对此，"是之道说"（Ist-sagen）向我们作出了证明。

### 2. "是"的含义之丰富与含义之贫乏

对此前列举的那些语句的概观使我们看清，"是"在语句中意味着多种多样的东西。此外，在歌德诗句"在一切巅峰之上／是宁静"中的一种短暂逗留表明，"是"尽管极为单纯素朴，但却显示出一种丰富的不可竭尽，对于这种丰富，我们还根本不能直接胜任之。

"存在"（das Sein）这个名词和名称命名了我们用"是"（ist）所意指的东西。存在的本质丰富性在"是"的含义丰富性中表现出来。但倘若我们细细端详，我们就会看出，"是"之多样性并非来自存在的丰富性，而是历来都仅仅出自这一实情：每一次被提及的都是另一个存在者，如人、颜色、狗，等等。就其自身来看，"是"事实上始终都是空洞的。的确，就其本质而言它甚至必须是空洞的，就仿佛是表示空洞和不确定东西本身的词语；因为"是"具有语句之"系词"的词语特征。作为这种"联系"，正是为了能够联系结合（verbinden）每每完全不同的存在者，它本身必须是不可约束者（das Unverbindliche），即让一切东西敞开并且不确定的那种不可约束者。因此先前那个论断的反面就显示出来了："是"不是通过含义

---

构成区分，而是统一译之为"区分"。——译注

之丰富而突显自身的，而是通过含义之贫乏而突显自身的。相应的东西也适用于甚至还更多地并且愈发适用于"存在"这个名词和名称。在这里，空洞和不确定性仿佛被弄成了可供顶礼膜拜的偶像。如此看上去，存在就不仅仅是存在者之外的某种东西，而且存在以及在存在者那里构成"存在"的东西，就被视为最为存在着的东西（das Seiendste）①。因此柏拉图在形而上学的开端处就已经把存在者之存在理解为一切存在者之真正存在着的东西（ὄντως ὄν）。在西方形而上学亦即柏拉图主义的终结处，尼采进行了倒转性的解释，不是把存在看作最为存在着的东西，而是反过来将其视为最微不足道的东西。尼采把存在视为雾化着的实在的最后一缕烟雾。

对存在者之存在的这种对立的解释——存在先是被看作最为存在着的东西然后又被视为最微不足道的东西——首先见证了对存在的两种彼此矛盾的理解；尽管如此它们却仍是同一种解释。它们的同一性是在西方形而上学的一种基础学说中道出的。按照这种基础学说，存在乃是普遍者之最普遍的东西（κοινότατον）。这种最普遍的东西（它不允许再有什么普遍的东西成为它的规定）乃是最不确定的东西和最空洞的东西。但倘若存在是这样的情形，则区分的一个方面亦即存在方面，相较于区分的另一方面亦即存在者方面，就丧失了其分量，变得失效了，而区分也就不再是什么区分了。

### 3. 把对现实之物的经营等同于对存在者整体的沉思

倘若我们现在还应遵循那个箴言并且去思考存在者整体，则我

---

① "das Seiendste"亦可考虑译为"最具存在者特性的东西"。——译注

们的任务就会立即朝着下述向度而变得清晰并得到加强,此向度即:我们能够并且必须仅仅坚持于存在者。"要关切存在者整体",这句话现在拥有了明确的、自行引致的并且根本不需要一种特别之沉思的意义:要坚持于事实,要推动经营现实之物和其现实化,并且要确保现实之物的实际作用。倘若我们认识到,恰恰只是在这样一种经营中才同时存在着正确的认知,则那种等同之举,亦即把对现实之物的经营等同于对存在者整体的沉思的做法,就完全失去其最后的可疑性了。行动与作用带来了经验,即对现实之物是什么进而存在者本身是什么的经验。但行动每每都是被自由所引导的,正是从自由而来人采取行动对待着存在者。自由现在乃是对时代之内在法则的参与。其更为明确的本质,被尼采在《偶像的黄昏》中的一处文本中道说出来:

> "究竟什么是自由?自由意味着,人拥有那种意求自身负责的意志。"①

尼采的这个回答听上去像是康德对同一问题的回答:自由是自身立法,亦即,将自身置于自身之法则下面。

尼采的回答不仅听上去是康德式的,它也在本质性的意义上是在做康德式的亦即近现代式的思考,尽管如此,尼采之思仍有别于康德。因为一切之关键在于,在所说的自身负责中,这里的"自身"意味着什么。自身存在乃是"主体"之本质。尼采把这种自身存

---

① 尼采:《遗著作品》,第 1 部分,第 8 卷,莱比锡,1899 年,第 149 页,第 38 条。——原注

在理解为权力意志,这虽然有别于康德,但却与其有内在的关联。作为意求自身负责的意志,自由于是就意味着:自由乃是意求"权力意志"之实行的意志。但由于在尼采看来,不仅仅人,一切存在者,在其存在中都是意求权力的意志,"原子"的存在并不比动物的存在更低级,政治之本质也不比艺术之本质更少,所以自由作为意求权力意志的意志与对一切现实东西之现实性的参与就是同义的。

## 4. 人在存在与存在者的这种区分中的未被思考过的逗留

我们且来沉思"μελέτα τò πᾶν"这个古老箴言所道说的东西:"要关切存在者整体。"这种沉思引领着我们去辨识出某种东西,这种东西迄今为止要么根本没有被认识,要么是被轻视了,它也就是这一实情:无论我们何时何处在存在者中对待着存在者并由于我们自身同样是存在者所以我们也就是在对待着我们自身,我们处处并且任何时候都是在"思考"存在。一言概之:我们逗留在存在者与存在的这种区分中。

对我们而言,这种逗留领域首先看上去像是某种微不足道的东西,倘若我们想到,是故乡的土地,是民族的空间以及诸如此类更狭隘或更宽阔的领域,最终是大地本身,才真正承载着我们的逗留并给予一切对待存在者的行为以其作用范围。然而所有这一切,故乡和大地,倘若它不是作为存在者而向我们开显的话,倘若存在者不是作为这样一种存在者并且存在者由此在其存在之特性中对我们进行了重新定调和彻底定调的话,所有这一切又会是什么呢?① 对于我们而言,这里也就是说,对于我们日常表面的意见和匆忙仓促的"思维"而言,存在者与存在之区分看上去就像是某种无关紧要之物和微不足道的东西。这一点却还不足以证明,这种区分或许不能在本质上是某种完全不同的东西——对于这种东西的高贵,我们从未能高估之,而是必然顶多只是对其进行了低估,使我们陷于不妙。

存在者与存在之区分使区分者彼此分离开来(auseinander-halten),这种彼此分离开来(Auseinander)本身乃是一种广阔化和广阔域(Weitung und Weite),我们必须将其视为一切空间的那种空间,只要我们在这里确实还可以使用"空间"这个名称的话,空间事实上只是意指一种特殊类型的彼此分离开来。

然而对于这种区分,我们首先并不知道什么。它存在于何处,这一问题始终是遮蔽的;那构成其本质的东西,究竟是否可以通过借助于"区分"这个语词符号的标识而被切中,这一问题也始终是未决的,始终是未被问及的。因为"区分"是多种多样的。例如,我们在存在者中遇到的一切对立性的东西都是区分。形而上学也在存在中并且是在存在之本质中发现了对立性和区分(参考德国观念论)。那种东西,在此被命名为存在者与存在的"这种区分"的东西,是某种比存在者中的一切区分和存在中的一切对立都更加本质性的东西。

---

① 整句话的意思是:那些看似实在地承载着我们之逗留的东西,如故乡、土地、民族空间等等,事实上并且在根本意义上是存在与存在者之区分所给出的空间。因此,真正承载着我们之逗留的,乃是存在者与存在之区分这种乍看起来"微不足道的、无意义的东西"。——译注

# 第二章　效力于存在之沉思的主导句

## 第8节　存在是最空洞的东西
并且同时是丰富洋溢

倘若我们坚持此间所说过的东西，重新把"是"思为语句中的联系之词，则现在我们就必然已经承认了一种二重性的东西。"是"显示出一种空洞，在这种空洞中，深思熟虑找不到任何立足之处。但同时"是"也透露出一种丰富，在这种丰富中，存在者之存在道出了自身。

让我们来重新思考歌德的诗句，就内容来看，其中说到了"山峰"和"之上"以及"宁静"。尽管如此，这个"是"却命名了这样一种东西，它不会听任自身在本质意义上被那种着眼于内容而被命名的东西和可命名的东西所规定，以至于恰恰在这个"是"中有一种特有的要求臻于言语，这种要求从本己特有的源泉中涌流出来，并不能被对多种多样之存在者的命名所穷尽。因此之故，恰恰是少量东西在这首诗中道说了如此之多，比一种膨胀的描述还要"更多"。

在"是"中，一种丰富臻于言语。倘若我们不用"是"而是用名词"存在"这一名称，则我们就面临着这样一个问题（倘若我们统一地思考所说东西的话）：与每每这样那样得到明确规定的存在者相比，"存在"仅仅是最空洞的东西吗？或者存在乃是对一切存在者而言的丰富洋溢，而每一个存在者每每都无限远地落在这种丰富洋溢后面？倘若这样的话，存在，就其最特别的本质而言，就同时是其自身的反面了，而我们也就必须在存在自身中承认像是一种分裂的东西了。

50　　但倘若这种分裂的特征归属于存在自身并且如此这般地构成了其本质状态，则存在之分裂就恰恰不可能是其本质之毁灭意义上的分裂。这种分裂性的东西于是就必然在本质之统一性中被聚合起来了。但倘若我们想要仅仅依据于先前指出的"是"之双重特征（它既显示为空洞又同时显示为丰富）来立即谈论存在的一种本质性的分裂性，并自以为是地对存在之本质作出一种决断，则一切就太过匆忙了。但首先我们要抵制这样一种诱惑：把存在中出现的这种分裂性立即视为一个对存在予以辩证性结算的契机，并因而使得每一种沉思都窒息而死。我们想要做的仅仅是，进行一种沉思，通过这种沉思来使我们与存在者之存在的关联获得澄清。我们致力于澄清我们与存在者之存在的关联，由此我们才根本进入这样一种状态中，即在统一的清晰性中获悉那个箴言的要求：μελέτα τὸ πᾶν [ 要关切存在者整体 ]。

　　但从刚刚进行的沉思中我们对于存在首先了解到的却是这一点：存在是最空洞的东西并且同时是丰富洋溢，一切存在者，被认识的和被经验的，但也包括未被认识的和尚待经验的，都是从这种丰富洋溢而来被赠与了其存在的各自的本质特性。

## 第 9 节 存在是最普遍的东西 并且同时是独一无二

但倘若我们追踪存在的这种在一切存在者中的显示,我们就会立即发现,存在在每一种存在者中都被遇到了,整齐均匀而且毫无区别。存在乃是对于一切存在者而言的共同普遍的东西并因而是最普遍的东西。

这种最普遍的东西缺乏任何一种突显标示:石头存在着(ist),树存在着(ist),动物存在着(ist),人存在着(ist),"世界"存在着(ist),上帝"存在着"(ist)。相较于这种普遍通行的"相同的""存在着/是"(ist),并且对照于存在的这种一式性和均平化,存在者中却显示出完全多种多样的阶段和等级,这些阶段和等级本身又允许了至为不同的秩序。我们可以从无生命的东西,从灰尘与沙粒并且从石头之僵硬向前推进到植物与动物的"活生生的东西",进而由此推进到自由之人,复又由此上升到半神和诸神;但我们也可以倒转存在者中的等阶秩序,把那种东西——人们习惯于将其命名为"精神"和"精神性东西"的那种东西——仅仅当作电现象的堆积并且当作物质的一种分泌,对于这些物质的成分,虽然化学迄今还没有发现,但终有一天会发现。或者我们可以把那种被我们称作"活生生的东西"的存在者当作最高存在者,把"生命"看作独一无二的现实的东西并把一切质料性的东西都编排到这种现实的东西中去,但也仅仅是把"精神性的东西"作为一种工具而嵌入到"生命"中去了。然而存在在一切存在者中每每都是对一切存在者通行普遍的普遍者并因而是最普遍的东西。但同时也已经有一种仓促的思考立即再度切中了这种对存在的特性刻画的反面。也就是说，无论一种存在者是如何地凌越于另一种存在者，作为一种存在者，它始终还是与另一种存在者相同的，因而在别的存在者那里拥有其自身的等同者。每一个存在者在每一个存在者中——更确切地说只要这种东西是一个存在者——都拥有其等同者［同类东西］(seinesgleichen)①。房子前面的树是不同于房子的另一种存在者，但却是一种存在者；房子是不同于人的另一种存在者，但却是一种存在者。一切存在者始终被分离抛置到各个存在者的多样性中去了，并且散落到存在者之无边无际的众多性中去了。通过经验存在者，我们就统贯衡量了杂多分殊。尽管如此：朝着四面八方并且毫无例外地，存在者每每都遇见了作为其等同者［同类东西］的存在者。但存在是怎样一种情形呢？

存在在任何地方都没有其等同者也不以任何方式拥有其等同者。存在对于一切存在者而言是唯一的。

存在找不到任何的相似物。存在——没有第二个存在。或许有存在的不同方式，但这些方式恰恰都属于存在(des Seins)，存在绝不像存在者那样每每都是这种东西和那种东西并且因而始终是多样重复的。存在的唯一性所导致的后果是不可比较性。存在者每每都可以与存在者相比较并且始终同类。但在多种多样的存在者如石头、植物、动物、人、上帝中，存在也绝不是等同者；因为为了是一种等同者(ein Gleiches)，它必须是一种多样性的东西。相反，

---

① "seinesgleichen"在日常语用中意为"同一类的东西"，其字面意为"其等同者"，作者对此词的使用有双关考虑。——译注

## 第 9 节　存在是最普遍的东西并且同时是独一无二

存在处处都是同一者(das Selbe)，亦即它自身。为了是等同者，另一种东西以及若干东西是必需的。为了是同一者，所需要的仅仅是唯一性。作为这种同一者和唯一者，存在或许在自身中并且从自身而来始终是有区分的，但区分者绝不是下述意义上的不同者：存在可以两次并多次地是存在，并且被分裂和分解为多样性的东西。存在是通过其唯一性，在一种独一无二的、不可与其他每一种标示相比较的方式中被标示的。存在在其唯一性中——此外，存在者在其多样性中。

但不是还有第三种东西吗，即我们必须在存在和存在者之外区分出来的那第三种东西亦即无(das Nichts)吗？

人们或许会以一种论断来截断上述问题，此论断即：根本就没有无，因此在这里还谈论一种第三者没有任何意义也没有什么依据。这一点或许是正确的，即无不是什么存在者并且也决不能作为存在者而在什么地方得到澄清；因为我们恰恰是把无思为对存在者本身的否定。但问题始终还存在着，此即：无本身是否在于对存在者的否定中，对存在者本身的否定是否只是一种对无的表象——当我们打算要思考无的时候，无本身就向我们要求着这种表象。因此，无虽然绝非一种存在者，但仍然"有／它给出"无(Es gibt das Nichts)。我们如此说道，"有／它给出"(Es gibt)无，并且暂时不再进一步地去规定，谁或者什么给出了无。我们也可以说，无本现(west)，以便暗示出，无并非单纯是存在者的缺席和缺少。倘若无只是一种无关紧要的微不足道之物(Nichtiges)，我们又该如何理解比如在无和毁灭面前的惊骇与惊恐呢？在无面前的惊骇——。

无因而本现着，但根本不需要存在者和一种存在者，仿佛无只是依据于这一情形(存在者首先完全被清除掉了)才本现似的。无绝不是这样一种清除的结果。"有/它给出"无,并不顾及存在者存在着这一实情。并且下述看法或许属于人最大的错误之一,即认为:只要存在者可以在某个地方并以某种方式被遇到、经营、保持,我们在无面前就始终还是安全的。这种错误的统治地位或许是一种主要根据,可用以解释在无面前的蒙蔽盲目,无并不会对存在者构成什么损害,至少当存在者变得愈发"存在着"的时候,无不会对其构成什么损害。或许,认为无(das Nichts)恰恰"什么也没有"(nichts)的这样一种意见首要地支撑起了一种受欢迎的答复,此即:对无的每一种沉思都导向了无意义的、微不足道的东西并且危害到了对存在者的恰当信任。

但倘若无明显地不是什么存在者,则关于无也就根本不能说这样的话:无"存在着"(ist)。但仍然"有/它给出"无。我们重新问道:这里的"有/它给出"(Es gibt)是什么意思?"有/它给出"的东西,无论如何都"是"(ist)某种东西。但无(das Nichts)却不是"某种东西",而恰恰什么都不是(nichts)。我们在此易于陷入语言游戏的危险中。对于对这种危险的合理指出,人们也充分加以利用,以便将每一种"关于"无的思想都作为灾难性的思想来加以驱除。但下面这种危险并不就更小些,即:我们在这里太轻易地对待了无(因为一切看上去只是在咬文嚼字),并且没有正确地看出,"有/它给出"无。倘若竟是这种情形①,则我们就必须说,无存在着(ist)。但倘若我们这样说的话,我们就把无弄成一种存在者了并因

---

① 亦即:倘若"有/它给出"无。——译注

而把它颠倒为它自身的反面了。但或者，在这里，当我们说"无存在着"（Das Nichts ist）时所用的这个"是/存在着"（ist）在意思上不同于当我们说"存在者存在着"（Seiendes ist）时所用的那个"是/存在着"（ist）。当我们借口说在"存在者存在着"和"无存在着"这两个句子中"是/存在着"是在同等意义上被使用的，我们或许只是在僵持一种未被检验过的日常意见而已。更为透彻的沉思可能会使我们突然认识到：无当然绝不需要存在者，绝不是在此意义上需要存在者即依据随后的存在者之清除并作为这种清除的后果才是无。

无不需要存在者。或许相反，无需要存在。事实上，对于日常理智而言，下述讲法始终是奇怪的和讨厌的：无恰恰需要存在，没有存在，无就必然始终是无本质的。的确，或许无甚至就像存在那样是同一者。但存在的唯一性绝不会被无所威胁，因为无不"是"一种有别于存在的它者，而是存在自身。我们就存在所说的话，存在是唯一的和不可比较的，难道不也恰恰适用于无么？无的那种不容争辩的不可比较性事实上证明了它对于存在的本质归属性并且证实了存在的唯一性。

但对于这样一些实情——无如同存在那样"是"同一者，无与存在本质上亲近，倘若还称不上与之本质统一的话——我们也可以从某种东西中猜测出来，这种东西已经在关于存在的那句话（"存在是最空洞的东西"）中道说出来了。无难道不是最空洞的空洞吗？① 从这种角度来看，无也和存在一道分享了唯一性。

---

① 这句话也可译为："无难道不是最空虚的空虚吗？"——译注

我们因而从迄今的思考中着重指出：存在是最空洞的东西并且同时是丰富洋溢。存在是一切之最普遍者并且同时是独一无二。

我们现在在这些句子中并且在下文中就存在所说的东西，还不能被视为关于存在的、得到充分阐述和证明的"真理"。或许相反，我们要把这些句子当作效力于存在之沉思的主导句，无论何时并且无论以何种方式，当我们回忆着追随思考（nach-denken）[①]那个古老箴言的时候，我们事实上就共同思考了（mitdenken）存在。

## 第10节 存在是最易理解的东西 并且同时是遮蔽隐匿

目前整个的探讨工作——着眼于语句中的"是"而对存在展开的探讨工作——已经使我们看出，我们处处并且立即不假思索地理解了"是"和"存在"。我们在此并不需要特别的经验和思考。语句中"是"的易理解性（Verständlichkeit）[②]，对于我们而言事先就已如此熟悉和如此可靠，以至于我们根本就没有特别地关注它。即便当我们特意致力于存在者之阐明，在"不可理解的"存在者面前不得不停下来，我们在存在者中的研究工作受到限制，即便在这种情况下，对于我们而言，那不可解释的存在者也还始终是被嵌入到可理

---

[①] 动词"nachdenken"的日常语用意为"深思"，这里按作者语境依照其字面意译为"追随思考"。——译注

[②] 德文中的"verständlich"兼有"可理解的"和"易理解的"这两重含义，作者在下面的行文措辞中也往往灵活使用这两重含义，我们的译文因而会按照语境要求顺应译之。——译注

解之存在者的范围中去了。这一点主要是由此得到验证的,此即:我们立即并且常常用一种已经熟悉的方式来把不可理解的存在者编排到可理解的东西中去。

当存在者的一个领域比如自然领域被这样一种信念所支配,即迄今未被解释的东西和不可解释的东西可以随着时间的拓展并在人类研究工作的"进步"历程中得到解释,这时,在这种信念背后就已经存在着这样一种做法,它把存在者之存在的可理解性当作已被澄清的东西了。在我们这个时代,我们可以轻易举出一个特别令人难忘的例子来描绘那种信念——关于存在者之可理解性的信念——所具有的无限权力。(为此可参见帕斯库尔·约旦的文章:《在世界的边缘处》。① 除此之外,这篇文章也可作为例子来表明当今"科学"之内在的荒芜颓败,因此是有教益的。为此还应特别注意其结论部分〈对其观点〉的实际运用! 与之针锋相对的是 C. F. v. 维茨扎克的那篇认真而谨慎的文章:《当代物理学与物理学的世界图景》。②)

现代的原子物理学和量子物理学在原子之进程的领域中已经查明,在此领域中的那些可观察的过程虽然在"统计学均值"上是按照特定规律行事的,但单独来看却是"不可预见的"。这种"不可预见的东西",亦即在物理学计算的观察视野中不可被事先计算的东西,因而显示为这样一种东西,它每一次都是新的,不能被归因到其他东西中去。这样一种东西——它不是一种先行发生的其他东西

---

① 帕斯库尔·约旦(Pascual Jordan):《在世界的边缘处:对现代物理学的考察》,载于《新评论》,第 52 卷,1941 年,第 290 页以下。——原注
② 维茨扎克(C. F. v. Weizsäcker):《当代物理学与物理学的世界图景》,载于《自然科学》,第 29 卷,第 13 期,1941 年,第 185—194 页。——原注

的后果，不能被归因到这种作为先行发生之物的其他东西中去——是缺少原因的。人们因此说，因果律在原子物理学的领域中是不适用的。人们认为，因果律的这种不适用是经由纯粹物理学的路径而被研究工作所查明了的。但人们并没有在这种所谓的巨大发现——人们还认为，康德和以往的哲学都被这一发现给驳倒了——中停下来；人们把这种查明（因果律在原子领域中是不适用的）立即翻转成为"积极的东西"。也就是说，倘若某种东西"不是被别的东西所引致"，因而是新的，是从自身而来形成的，那么它就是"自发的"，并且倘若它是自发的，那么它就是"自由的"。人们因而谈到了微观物理学构成物的那种"奇特的"行动自由。

（然而原子进程的运行并不是"奇特的"，只有这样一种"物理学"才是"奇特的"，这种物理学毫无思想地被这些断言所蒙骗，并且没有预感到，它因此必然就暴露出它本质性的肤浅，按照这种肤浅，它既不能在"支持""因果律"的问题上也不能在"反对""因果律"的问题上决定什么东西。）

57　　但人们却认为，物理学由此就为物理学研究确保了一个领域，"活生生的东西"和"精神性的东西"以及一切通过"自由"而被突显标识的东西都完美地契合于这一领域。因此就开启了这样一种"充满希望的"前景：终有一天就连"人的自由"也能够"以自然科学的方式"被证明是一种"自然科学性的事实"。我在此不是在讲什么传奇故事，也不是对某个一知半解的空想家（这位空想家从偶然拾取到的"书籍"中拼凑出一种"世界图景"）的突发奇想进行报道。我所报道的乃是今天物理学家的那种科学性的确信，这些物理学家作为研究者是把思想的"精确性"置于一切东西之上的，他们的工作已经通过意想不到的技术层面的成功而得到证实并且或许还会以无人料及的诸多形式得到证实。但由于单纯的成功（Erfolg）从来都不是真理之证明，而始终只是一种根据的"后果"（Folge），必须追问的乃是这种根据的真理，而这种真理从来都不能从那种始终已经依赖着的后果而来得到决定，所以今天"科学"的成功就不是科学之真理的合理根据，也不能阻止我们去对之提出问题，尽管它是成功的。

这里发生了什么？人们把那种东西———一个人在对原子领域的表象中常常会想到的东西，被视为物理学领域的存在之基本规定的东西———当作完全可理解的东西并且使其他一切东西都隶属于这种东西。着眼于原子，人们突然就谈论起"行动"，谈论起"行动自由"，并因此认为已经向前推进到有生命之物的领域中去了。人们业已梦想着一种被"量子物理学"所论证的"量子生物学"。研究者们是多么无疑地据有着这些看法，这一点至为清楚地揭示出：人们以为，他们凭借着这种研究和提问就已经远远优越于那些所谓的唯物主义者了，与那些唯物主义者不同，他们真是让"自由"生效的。58 但人们却没有看出，他们把自由与物理学的不可预见性等量齐观了，因而也就是预先从物理学上解释了一切人性的东西。人们首先没有看出的是：在对不可预见者的规定中存在着一种褫夺，若没有可预见性亦即因果性的积极因素，这种褫夺就不能存在；因果性并没有被取消，相反，它被极大地证实了，只是被改变了而已，而且严格说来也可以按通常方式得到确定。

人们觉得这种做法是合理的；因为人们相信，每一个人，似乎从大街上来的每一个人，都自然而然地知道何谓"自由"何谓"精神"以及诸如此类的东西,因为人们本身每天都拥有它并且就是它;相反,对于那种理解,比如对波动力学之数学的理解,自然就只有非常少的会死者才能掌握,这种理解要求着一种艰巨的工作和相应的在专门科学上的准备工作。但为何一个物理学家——他也是一个人——就不应对人之自由和一切其他的关乎人的东西以及本质性的东西立即能够有所知晓并就此作出判断呢?为何不应是每一个人对所有这些尤其对存在者之存在都有所理解呢?科学的这种态度和这些要求——我们到处都持续地并且以有所变化的形式碰到这种态度和这些要求——明确地支持着这样一种看法:对于我们而言,存在者之存在乃是最易理解的东西。我们也不记得我们何时曾特意地学过,存在"是"什么以及意味着什么。相反,或许我们必得努力逐步地认识和了解个别的存在者。由此也就出现了这样一种奇怪的情形:我们为了存在者之研究同时为了"自然"之研究而要求着最高的精确性而且为此动用了巨大的仪器设备,相反,对于存在之规定而言,某种熟悉的和大概的观念就够用了并且可以够用;比方说,科学必须使复杂的研究工作运转起来,这一点被认为是明白易懂的;但下述情形也同样是明白易懂的:某些不知从何处取得的大致的观念就足以对历史之基本现象、人之自由、权力之本质、艺术以及诗歌作出判断并获得赞同了。对于事实以及对存在者之精确确定的尊敬必然是"自然而然地"被要求的。但是,当存在者之本质性的东西亦即存在始终被托付给了任意念头的绝对命令的时候,就没有思想之契机了。所有这些以及人之态度中的许多类似的东西都支持着这一看法:与存在者相区分的存在乃是最易理解的东西。存在的这种易理解性简简单单地就归我们所有了,我们不知

## 第10节 存在是最易理解的东西并且同时是遮蔽隐匿

它是如何发生的,也不知道它是何时发生的。

然而,倘若我们应当特意地说出我们在这个"最易理解的"存在中所理解的东西,亦即说出我们在"存在"这个词语中所思考的东西,也即指出我们把存在"理解"成什么东西了,此时,我们突然就一筹莫展了。突然向我们显示出来的是:对于这种最易理解的东西,对于存在,我们不仅没有什么概念,我们也没有看出,我们在这里还应如何着眼于存在去把握"某种东西"。在存在者之中,我们始终有这样一种任务和这样一种出路:把先已给定的存在者归因到其他我们认为是熟知的和已被澄清了的存在者中去,通过这种归因而予以阐明并且在这种阐明中让我们平静下来。但是,在应对存在加以理解的时候①,倘若我们坚持这个问题的严肃性的话,指向存在者的那条出路就立即失灵了;因为每一种存在者之为存在者已经被存在所规定了并且自为地需要着存在。然而,在这一个存在者之外始终"存在着"(ist)多种多样其他的存在者,但在存在之外顶多只还"有"(gibt es)无。那么我们难道就不应该尝试一下从无而来规定存在吗?

然而,无本身却是绝对的无规定者,它在这种情形下如何把那种东西——我们正是在向这种东西的回行中理解了存在——提供出来呢?就连这条道路也没有通向对存在的任何本质规定。存在于是就拒绝着每一种概念和每一种规定与阐明,并且在所有方面、对于每一种逼迫性的阐释尝试都是如此。存在绝对地自行回隐于从存在者而来的理解活动。倘若我们说,存在绝对地自行回隐,我们

---

① 作者这里的着重号意在指明:应得到理解的是存在而非存在者。——译注

由此就已经再度就存在本身道说了某种东西。存在本身特有着这样一种本质：自行回隐于从存在者而来的阐明。在自行回隐着之际，它自行出离了可规定性，出离了显明性。它从显明性中自行回隐，由此，它自行隐蔽着。自行隐蔽归属于存在本身。倘若我们想要承认这一点，我们就必须说：存在本身"是"遮蔽隐匿。

因此我们就必须着重指出：

存在是最空洞的东西并且同时是丰富洋溢。

存在是一切之最普遍者并且同时是独一无二。

存在是最易理解的东西并且同时是遮蔽隐匿。

## 第 11 节　存在是损耗最甚者并且同时是本质源泉

倘若我们现在认为，存在自行隐蔽，更确切地说，自行隐蔽归属于存在之本质。那么就可能看上去又像是这样一种情形，即似乎存在必然而且完全地始终对我们保持回隐。但另一方面，这也只能是看上去如此而已，因为我们处处都需要着存在，无论何时何地，当我们经验着存在者、经营着存在者、询问着存在者或者只是让存在者安然自得的时候，我们都需要着存在。我们是以这样的方式需要着存在，即我们在一切与存在者的关联中都需要着存在。由于我们需要（brauchen）存在，我们就在与存在者的每一种对待行为中都使用着存在。在这种通常的和多种多样的使用（Gebrauch）中，存在就以某种方式被耗用（verbraucht）了。

尽管如此，我们却不能说，存在在这种耗用中被耗尽了。对于

## 第 11 节 存在是损耗最甚者并且同时是本质源泉

我们而言,存在始终是有储备的。但是我们是想宣称,对存在的这种使用(即我们始终引用着存在)竟令存在丝毫无损吗?存在在这种使用中根本就没有被耗用吗?那种无关紧要性——正是在这种无关紧要性中,"是"在一切言说中为我们所遇到——难道不就证明了这个"是",我们如此命名的这种东西,是多么地损耗了吗?

存在并没有得到把握(begriffen),相反或许却是被损耗了(abgegriffen),并因而也是"空洞的"和"普通的"。存在乃是损耗最甚者。

无论何处,无论何时,"存在"都作为最自明的东西伫立在我们的理解中。它因而就是那种损耗最甚的硬币,凭借着这种硬币,我们可以为每一种与存在者的关联持续进行支付,若没有这种支付,我们就决不能获得与存在者本身的一种关联。存在:损耗最甚的东西和最无关紧要的东西!尽管如此,我们却并未抛弃这个"是",我们也永远不会对存在者之存在感到厌烦。即便是在这种情形中——某个人偶尔想要不再是其自身——厌烦也仅仅是对其自身亦即对这个存在着的人的厌烦,但绝非是对存在的厌烦。甚至在那种极度的厌烦中——最内在地来看,这种厌烦始终是这样一种愿望,不愿存在者存在而愿无存在(sein)——存在也始终还是那被祈求的独一无二者,这种独一无二者抗拒着耗用和损耗;因为就连在这种情况下——人们期待着,宁可是无(daß lieber das Nichts sei)——那最终的、拯救性的把捉(Griff)也还是指向了那损耗最甚者(Abgegriffensten)亦即存在。因此存在决不会被一直损耗到完全的耗废和用弃。相反,在所意愿的对一切存在者予以消灭的极度情形下,并且恰恰在这种情形下,存在必然显现。存在在此显现,就像一种初次发生的东西和未被触动过的东西，一切存在者甚至其可能的消灭都源出于这种东西。恰恰是存在才让每一个存在者是其所是，也就是说，让每一个存在者分解开来和涌现出去，去是一个存在者并作为这种存在者而是"自身"。存在让每一个存在者涌现为这样一种存在者。存在乃是本源。

存在是最空洞的东西并且同时是丰富洋溢。
存在是一切之最普遍者并且同时是独一无二。
存在是最易理解的东西并且同时是遮蔽隐匿。
存在是损耗最甚者并且同时是本质源泉。

## 第12节　存在是最可靠的东西并且同时是离开根据

无论何时，无论以何种方式，无论在何种范围内，当存在者对我们变得可疑和不可靠的时候，我们都不会怀疑存在本身。在具体情形中始终未被决定甚至不可决定的是：这种或那种存在者是否存在，是否这种存在者如此这般地存在而那种存在者以异样的方式存在。相反，贯穿逾越于存在者所有变动不居的不可靠性，存在却提供了可靠。因为，倘若"存在"之所谓对我们而言不是事先就已可靠的话，我们又如何可以按照某种视角来怀疑存在者呢？

存在是最可靠的东西，这一点是如此地无条件，以至于我们在与存在者相对待的一切领域中都从未搞清楚，我们处处皆有的对存在的信赖是何种信赖。

尽管如此，倘若我们想要把我们在存在者中的规划和庇护、我们对存在者的利用和塑造每每都直接地建基于存在之上,倘若我们想要按照这一点——存在在其本质中是如何亲熟于我们这儿并奠基于我们这儿的——来评估日常的可靠之物,我们必然立即就会经验到,我们的意图和行为中没有哪一种可以直接建基于存在之上。存在,虽然通常是持续地被使用并且被诉诸,但并未向我们提供根基和根据,即我们可以把我们每天所建立、处理以及做成的东西直接置于其上的那种根基和根据。存在于是看上去就像是无根基的东西,就像是这样一种东西,它持续地下陷着,提供不了任何支撑,拒绝给以任何根据和基础。存在拒绝了每一种这样的期望,即期望着能够充当一种根据。存在处处表明自身乃是离开根据(Abgrund)①。

存在是损耗最甚者并且同时是本质源泉。

存在是最可靠的东西并且同时是离开根据。

# 第 13 节　存在是被言说最甚者并且同时是隐秘缄默

但由于我们——被发放在存在者中并且被静息于其中的我们——愈发信赖存在,存在也就持续地处处臻于言辞。并且这一

---

① 德文"Abgrund"一词的本意是"下陷的地基",在日常语用中意为"深渊、堕落、分歧、鸿沟",但海德格尔对此进行了新的阐释,使之意味着:以离于根据/非根据的方式起着根据作用,存在没有根据(此谓之"离"),但开显根据(此谓之"开")。此外还需指出,用通常译名"深渊"来翻译这里的 Abgrund 也并非不可取,但为了尽可能照亮本书的文本语境(对"存在"与"根据"以及"基础概念"之关联性的强调),故而统一译之为"离开根据"(极个别情况下仍译为"深渊")。——译注

点绝不仅仅在于它的那些明确名称(如"ist"① "sind"② "war"③ "wird sein"④ "ist gewesen"⑤)的通常的、就其常见性而论也永远无法测度的用法。在语言的每一个"动词"中我们都命名着存在。

若我们说"下雨了",我们就是在意指,雨现在并且在这里"存在着"(ist)。在每一个名词和形容词中我们也都命名了存在者,并因而连带地命名了存在者之存在。"战争":存在者,这种东西现在"存在着"(ist)。对"存在者"的命名是足够的,但只是在大致的甚至是预感性的思想中我们才命名了这种存在者的存在,我们才一并命名了存在。在每一个词语和词语构造中存在都被一并言说了,尽管不是每一次都被用特有的名称所命名。言说活动"一并"言说了存在,不是言说为一种也能够省略掉的附加物(Zugabe)和添加物(Beigabe),而是言说为对那种东西——那每每才允许了存在者之命名的东西——的预先规定(Vorgabe)。甚至在我们沉默地做事的时候,在我们无言地于存在者中对存在者作出决断并且操持对待着存在者而没有特意命名之的时候,存在也被"言说"了。同样地,在我们"完全无语"之际,恰恰在这时,我们"言说"了存在。存在是一切言说中被言说最甚者,因为可言说的东西只有在存在中才是可言说的(并且只有"真理"和真理之严肃才是可言说的)。

这样的话,由于许许多多的和持续不断的言说,存在不就必得

---

① 动词"sein"的第三人称单数的直陈式现在时变位。——译注
② 动词"sein"的第一人称及第三人称复数的直陈式现在时变位。——译注
③ 动词"sein"的第一人称及第三人称单数的直陈式过去时变位。——译注
④ 动词"sein"的第三人称单数的直陈式第一将来时变位。——译注
⑤ 动词"sein"的第三人称单数的直陈式现在完成时变位。——译注

早已被如此说出并因而显明了吗，即它的本质极为明确地无遮无掩地呈现在我们面前？但是，倘若言说中的这种被言说最甚的东西隐秘了其本质，倘若存在本身在其本质之解蔽中自行抑制，并且倘若这并非只是偶然的而是依照其本质而是如此，则又该如何呢？那么遮蔽隐匿就不仅仅归属于存在了，遮蔽隐匿也具有与"言说"的突出关联并且就是隐秘缄默（*Verschweigung*）①。那么存在就是对其本质的隐秘缄默了。因为存在始终是一切言语中被言说最甚者，它也就是全然的隐秘缄默（Verschweigung），是那种本现着的沉默（Schweigen），言语正是源自于这种沉默并且必须源出其中，其方式即，言语打破了这种沉默。于是每一种言语都是从这种打破中并作为这样一种打破而拥有了它本己的构造并依照这种构造而拥有了其声音与声响的印记。于是存在就作为隐秘缄默也是语言之本源了。

倘若果真如此，那么我们会明白，为何动物不说，为何此外也没有什么"生物"能够言说。动物不说，因为沉默对于动物而言是不可能的，而动物不能沉默，乃是因为它不具有与可隐秘者的关联，亦即不具有与隐秘缄默的关联，也就是不具有与遮蔽隐匿的关联，换言之，不具有与存在的关联。但倘若言语是源自这样一种本源的话，"语言"就不是某种随随便便的现象和属性，不是我们在人身上所确定的某种类似于看与听、抓取与运动的能力。那么语言就处在与存在之唯一性的本质关联中。但存在本身却迫使我们紧接着给出这样的主导句：

---

① "Verschweigung"在日常德语中意为"隐瞒，隐瞒不说"。从上下文来看，海德格尔显然强调了该词的字面意即其与"沉默"（Schweigen）的内在关联，故考虑译为"隐秘缄默"。——译注

存在是最可靠的东西并且同时是离开根据。

存在是被言说最甚者并且同时是隐秘缄默。

## 第14节　存在是被遗忘最甚者并且同时是内化回忆

65　　对我们变得愈发清晰的是：存在如何在一切与存在者的关联中处处都是最切近的东西，并且有利于存在者的是，存在同时又完全被忽略了，而一切意愿和知识都是在存在者那里寻求着它的充实。用不着奇怪的是，面对着存在者和其涌迫的我们遗忘了存在，亦即遗忘了一种尚还值得某种沉思的东西。只要对此的一种要求苏醒了并且存在之问题被提出来，立即就会呈报出这样一种指示来，它指出，存在被视为最易明的东西了并且此外不再可以得到规定了。值得追问的存在因而就被遗忘了，并且是如此这般被彻底遗忘了，即我们甚至还把这种对存在的遗忘都给遗忘了。但这种事情也就是处于遗忘之本质中的，此即：它①遗忘了自身，也就是说，它把自身愈发卷入它自己的漩涡中去了。我们因而就必须承认：存在是一切东西——一切可能值得一种询问和沉思的东西——之中被遗忘最甚的东西。

　　但倘若我们想仅仅坚持这个断言的话，存在就不会在任何地方关涉我们了并且绝不会关涉（某种东西）。但倘若我们眼下允许了这种可能性，倘若我们认为一切之关键在于，存在本身沉入那自身还被遮蔽的遗忘之虚无中去了，倘若我们认真地设想了这一情形，

---

① "它"，指"遗忘"。下同。——译注

即存在被完全从我们的知识中删去了,那么我们又怎么会把存在者中最微乎其微的东西和最倏忽易灭的东西都当作存在者来遇见呢,我们又怎么会把我们自身每每都当作存在者来经验呢?

然而我们所对待的始终是存在者并且我们本身是存在着的。我们发觉,我们乃是存在者,但也不仅仅是在我们身上发觉这一点的,毋宁说,我们的存在,我们存在着以及我们如何存在着的这一实情,就这样或那样地关涉于我们。存在关涉于我们,无论所指的是我们自身所是的那种存在者的存在,还是我们自身所不是并且也永远不能是的那种存在者的存在。我们始终是被存在所关涉的东西,如此被关涉但也有渊博知识的我们,在存在中发现了最可靠的东西。存在处处都是可靠的东西,但就其在值得沉思的东西中的地位来看,它仍然是被遗忘最甚者。尽管处于这样一种遗忘状态,但存在仍然不仅仅在日常行为中是可靠的东西,而且早就已经是这样一种东西,正是这种东西让我们内在于(innewerden)① 存在者本身中并且允许在存在者本身中的我们是存在者。存在让我们在任何方面都内在于存在者中并且是按照其特性才内在于每一种存在者中的;存在让我们内在于存在者中并使我们回忆起存在者(*das Sein er-innert uns in das Seiende und an das Seiende*)②,以至于一切照面

---

① "innewerden"在日常语用中是不及物动词,后跟第二格,表示"觉察到,领悟,理解"。但作者在此显然使用了此词的字面意("内在于"),并且将其用作及物动词。作者的这一用法也很可能有双关考虑,因为就作者在《存在与时间》中就已披露的立场来看,任何一种真正的"领悟"或"领会"都是一种根本的"内在于"亦即一种本质性的"在之中",而非对象性的观照认知。——译注

② 动词"erinnern"的语用意是"回忆",但字面上有"使……内在于"之意。作者在此接连使用了这个词的字面意和语用意。当作者用一种措辞来同时蕴含这两重含义

的东西，无论其被经验为现成的东西或者过去的东西抑或未来的东西，每每都是通过存在之内化（die Er-innerung *des* Seins）才作为存在者而变得显明并保持显明的。存在就如此这般本质性地内化着。存在本身乃是那内化着的东西（Er-innernde），是真正的回忆（Erinnerung）。

我们在这里必须要好好地想一想，存在本身是内化着的东西，绝非只是我们所回忆起的东西，亦即绝非只是我们在柏拉图"回忆论"意义上能够每每将其作为一种已知之物再度返回到其中去的那种东西。柏拉图的这种理论说的仅仅是，我们如何对待存在者之存在，倘若我们是按照我们通常与"存在者"的关系来评估我们这种对待行为的话。但现在却应看出，存在不是一种对我们而言的可能之回忆的"对象"，毋宁说，存在本身乃是那真正内化着的东西，这种东西让每一种东西即每一种作为存在者而进入公开域的东西根本地内在（innewerden）。

存在是被言说最甚者并且同时是隐秘缄默。

存在是被遗忘最甚者并且同时是内化回忆。

## 第15节　存在是逼迫最甚者并且同时是自由释放

因此，尽管存在作为最空洞的东西和损耗最甚的东西从通常残

---

时（例如正文中的下一句话），我们通常会将其勉强译为"内化"，也就是说，这种"内化"是使动意的内化，兼有"使……内在于"和"使……回忆起"这两重含义。某些情况下，我们也会把这种具有双重寓意的措辞译为"内化回忆"。——译注

第 15 节　存在是逼迫最甚者并且同时是自由释放

留着的"沉思"领域中首先和完全地沉入遗忘的无关紧要性中去了（在这种遗忘中，甚至连这种无关紧要性都化为乌有了），但存在仍然又如此这般地处处逼迫着我们并且持续逼迫着我们，此即：存在者遭遇着我们，牵拉着我们，逾越着我们，把我们弄得平坦，给我们加上重负，使我们得以提升。因为，倘若存在向来就已在一切存在者之先并且唯独存在才让每一个存在者是存在者，那么每一个存在者，无论它是如何关涉和关系于我们的，都无限远地落在存在本身的那种逼迫性的后面了。存在者的涌迫在任何时候都不会凌越于那种"逼迫"，即那种从存在而来并作为存在本身而本现着的逼迫。甚至在那里，在一切存在者都不再关涉于我们、变得无关紧要并且托付给空洞之意愿的地方，存在之逼迫仍然盛行着。因为这种逼迫着的东西在其逼迫中凌越于一切东西，它不在任何存在者面前也不在任何存在者之中回避，而是对存在者逼迫着这样一种事情：存在者作为存在者始终被逼迫到存在中去了。*存在乃是逼迫最甚者*，无论存在者在何处存在着、何时存在着并且如何存在着。

尽管如此：我们却并未"觉察"到存在之逼迫，而顶多是觉察到存在者方面的一种冲撞和挤迫而已。尽管有那种逼迫，但存在仍然是这样一种情形，即仿佛它更可能并不"此"（da）"在"（sei）似的，因而就恰恰如同"无"一样。我们也徒劳地试图在这儿或在那儿寻找存在。存在就像一种不可经验的东西那样游戏在我们周围并且贯彻于我们。但这种游戏在一切东西中却始终拥有独一无二者的那种独一无二的单义性（Eindeutigkeit）。因为，难道"存在"不就是那种已经把我们向"此"——在这里存在者之为存在者是与存在者相区分的——进行移置的东西吗？难道存在不就是那种开启着的东西吗——正是这种东西才开启了"此"（Da）的敞开域，也正是在这种敞开域中才允许了这样一种可能性，即存在者说到底有别于存在，存在者与存在是被分置的（auseinandergesetzt）[①]？

存在首先分置了存在与存在者，又把我们置入到这种分置（Auseinandersetzung）中，而且把我们置入自由域中[②]。但这种置入，使我们入乎存在与存在者之分置的这种置入，乃是释放，即把我们释放到对存在的归属状态中去。这种释放是朝下述向度进行的：我们"趋向于"存在者，"脱离于"存在者，"自由地"为了存在者，在存在者"面前"并且在存在者之中自由地存在着，并且因而就有了去是我们自身的可能性。入乎存在的置入乃是入乎自由的释放。唯有这种释放才是自由之本质。

存在是被遗忘最甚者并且同时是内化回忆。

存在是逼迫最甚者并且同时是自由释放。

# 第 16 节　把对存在的沉思合并为一系列的主导句

倘若我们把迄今尝试过的对存在的沉思用一系列的主导句合并

---

[①]　动词"auseinandersetzen"在日常语用中意为"争辩,解释,阐明,分析"，这里首先按字面意译出。但在下一段文字中，作者对此词名词形式的用法有上述双重寓意。——译注

[②]　这里的"Auseinandersetzung"兼有"分置""争辩""阐明"等意。作者在其不同时期的多处文本中都表达了这样一种看法：唯有"分置"，唯有"争辩"，才使得事物各归其位，使之"被带到其本己东西中去并在其中获得承认"，如此各成其是，构成本真的阐明与本质性的自由之境。在此意义上，分置/争辩是"决定一切的东西"，"唯有分置/争辩才能帮助人们去开启并准备好一个自由的领域"。参见《海德格尔与荣格通信集》（Ernst Jünger/Martin Heidegger, *Briefe 1949-1975*, Stuttgart/Frankfurt am Main 2008, S. 174）。

## 第16节 把对存在的沉思合并为一系列的主导句

起来，我们就会愈发留心于和聚精会神于下述东西，这种东西初看上去可能仅仅像是一种言语之声响：

存在是最空洞的东西并且是一切之最普遍者。

存在是最易理解的东西并且是损耗最甚者。

存在是最可靠的东西并且是被言说最甚者。

存在是被遗忘最甚者并且是逼迫最甚者。

但同时：

存在是丰富洋溢和独一无二。

存在是遮蔽隐匿和本质源泉。

存在是离开根据和隐秘缄默。

存在是内化回忆和自由释放。

这个"是"如此这般地自行揭示着：它表面上看上去只是作为被言说最甚者而从我们这里脱落了，但它事实上却把我们把持在本质中甚至还在非本质（存在之遗忘状态的非本质）中把持着我们。

这里只是说出了对存在的任意规定吗，仅仅是列举了这样的规定吗，仅仅是通过同样简单的对置手段而增加了其对立面吗？要对这种易于想见的看法作出判断，现在还不是时候；因为现在首先应做的事情是，我们要去摆脱那种贫乏，正是在这种贫乏中，那通常的看法，但也可以说是一种两千年之久的形而上学的思想，向我们展示了"存在"。

我们事实上首先只想对此有所"经验"：当我们遵循"μελέτα τὸ πᾶν"[要关切存在者整体]这一箴言并思考存在者整体的时候，我们这时就立即处于存在者和存在的区分中了；在这种情况下，倘若我们仅仅开始去思考存在本身的话，存在本身就显示出了一种本质上的丰富。

然而，我们现在果真就已经思考存在本身了吗？

## 要点重述　关于存在的主导句

### 1. 存在是作为抽象概念的空洞虚无并且同时是丰富洋溢

在那最初的尝试（尝试着追踪存在与存在者之区分并就此首先澄清"存在"在此意味着什么）中，我们首先遵循的是一种根深蒂固的思维方式的长期习惯。这种思维方式显露在一种学术观点中，此观点认为：存在是一切概念之"最抽象"概念的名称。照此来看，存在与存在者之区分——倘若我们试图按这种区分的两个"方面"来匀称地评估此区分的话——事实上就是这样一种区分，在这种区分中一切重量都落在存在者这方面了；因为存在就像一种累赘性的东西，虽说在某种程度上也是不可或缺的抽象概念，但仅仅是作为一种附加物和存在者的一种阴影而被容忍的，就其自身而言，存在并不是这样一种东西——这种东西能够表明自身是存在者"之外"具有均势同等重要的东西并且能够为一种沉思提供足够的支撑。存在就像一抹短暂易逝的云影，它袭向存在者之大地，却没有造成丁点儿影响，也没有留下任何痕迹。存在的这种阴影式的东西顶多证实了那仅仅为存在者所特有的扎实可靠。

倘若如此，我们也就可以看清了，对箴言"μελέτα τὸ πᾶν"的遵循只有在那里才可以真正实现，亦即，只有在对存在者的经验、塑形以及经营中才能真正实现。现代这个正在升起的时代也已在下述事情上拥有了其无可否认的激情，此即：它在所有方面都无条件地把捉住了对现实之物的一切经验、经营、规划以及布置，并且也合理地把这种无条件性认知为新的东西，并且将其评估为迄今在地球上还没有被意求的、迄今也还不能做到的独一无二的东西。存在者在存在面前的这种优势地位是明确的。

尽管如此，始终还存在着这样一个问题：是否在这里并且恰恰在这里，在这种对存在者的无条件肯定中（这种肯定看上去是把存在撇开不顾而仅仅立足于存在者），也有一种对存在的决断在起着支配作用？因此就始终还需要问一下：存在是否恰恰在这里不是那最普遍并因而最空洞之概念的名称，而是某种别的东西？存在是否每每都是并且根本就是丰富洋溢，存在者的一切丰富性——无论其是如何呈现的——都源出于这种丰富洋溢？始终还有必要问的是，存在是否恰恰同时是这两者，既是空洞虚无（这种空洞虚无在那最普遍的概念中无可争辩地显示着），又是丰富洋溢（这种丰富洋溢在作为例证的歌德诗句中向我们显示着）。但这样的话，存在就不会仅仅是从存在者那里被抽离出来和搁置一旁的东西了，毋宁说，存在反倒是并且同时是那种东西，这种东西在每一种存在者中都首先是并且处处是那本现着的东西。

## 2. 存在是一切之最普遍者并且同时是独一无二（存在与无的同一性）

在对存在者与存在之区分的沉思中，我们追问着存在。此前的思考把我们引向了关于存在的第二个主导句：

存在是一切之最普遍者并且同时是独一无二。

我们在每一个存在者中——尽管存在者就其内容和特性而言是完全不同的——都遇到了一式性的东西，即"存在者存在着"这一事实。因此可能看上去就像是这样一种情形：存在星散于四面八方，仅限于去是至为分殊的存在者之区域中的最普遍者，而这种最普遍者，由于它的单调性，对我们而言就根本不会是什么触目的东西。存在所特有的事实上就是这种"普遍性"；但存在并不仅限于这种普遍性。因为存在同时也是与之相反的东西，即独一无二性。存在仅仅本现为独一无二者，与之相反，存在者则每每是这种东西或那种东西，每每是这样一种东西并且不是别的东西。存在者始终拥有同一类的东西。但存在却是无与伦比的。因此我们也就不能说，存在在上述普遍性的意义上在一切存在者中都拥有相同者，而应说，存在作为独一无二的东西始终是同一者（das Selbe）。作为这种同一者，存在并没有排除区分。那在自身中处处是且始终是同一者的东西，就其本质来看，并不需要去是那单纯的单调者。有同一之存在的不同的方式，但并没有这种意义——存在可以分解为多种东西和多重东西——上的不同的存在。

在西方关于存在者之存在的学说（形而上学）的展现中，首先是在其学院式的形式中，形成了一个屡屡得到征引的命题：omne ens est unum。此即：每个存在者每每都是一个（Jedes Seiende ist je eines）。在何种程度上，这句话可追溯至希腊关于存在者的思想，在何种角度上，它乃是对希腊思想的一种改造，对这些问题，这里不能予以讨论。现在仅仅应该回想起的是，希腊思想此外也早已把 τὸ ὄν 亦即"存在者"与 τὸ ἕν 亦即"一"等同起来了，并且在前柏拉图的思想中,存在就已经被"统一性"所突显标示。直到今天,"哲学"一直耽误了一件事,即去深思一下,古代思想家们用这个 ἕν[一]究竟意指了什么。首先没有被问及的是,在西方思想的开端处,"统一性"为何立即就被如此坚决地归派给了存在者成为其本质标识。

"omne ens est unum"[每个存在者都是一个],学院形而上学的这个后来出现的命题,绝不可以与从我们的沉思中形成的那个主导句即"存在是独一无二"等同起来。因为前一命题关乎的是存在者(ens),不是存在本身,它事实上说的是:存在者始终是多种多样的。这个命题意味着:每个存在者每每都是一个,并且作为这一个每每都是与另一个相对的这一个;因此每个存在者也每每都是与这一个相对的另一个。"omne ens est unum",我们也可以把它"翻译"为:存在者是多种多样的。但从一种完全不同的角度而来却说出了这样一个命题:存在是独一无二。这种独一无二看上去受到了无的威胁,尤其是当无看上去像是存在者和存在本身面前的一个第三者的时候,如此以至于"存在相较于存在者乃是独一无二"这个命题就变得失效了。但这也是有前提的,即,无以某种方式是有别于存在的他者。

{黑格尔是这样来思考"存在"与"无"的关系的(他对此始终看得很清楚):严格说来,黑格尔还根本不能把无当作有别于存在的他者,因为二者在这里仍还被看作是"现实性"的最极端的抽象①,还根本没有发展成为某种东西(质)。黑格尔在这里从不敢说

---

① 黑格尔所理解的"现实性"(Wirklichkeit)近乎传统哲学视野中的"存在",而黑格尔行文中的"存在"(Sein)却不同于通常所理解的"存在"。——译注

出这样的话:"现实性"(黑格尔意义上的"现实性")和无是同一者。但从这个角度来看,〈我们〉关于无所说的东西就在此被意指了,而且不可以与黑格尔对存在与无的"同一化"(Identifizierung)混同起来。

演讲《形而上学是什么?》① 对黑格尔把存在与无予以"同一化"的做法的援引并不意味着对黑格尔之基本立场的接受,而只是想根本地指示出,这种通常显得完全陌生的"同一化"在哲学中早已被思考过了。}

我们的这些思索应仅仅暂时地把沉思引导到对下述事情的沉思中去:尽管存在者存在着,无仍本现着,并且根本不"是"人们想要排斥的那种"无意义的东西"(Nichtige)。日常知性却认为,唯当一切存在者都被清除了,无才会出现。但由于在这种情形下就连人也被排除了,就没有思考无的人了,由此也就证明了,无依据于一种想象,依据于一种单纯的知性游戏,而这一点又仅仅是由于人们误用了知性而不是仅仅把它用在日常事务上。知性在此拥有其合理的"领域",对此没有人会质疑。但也恰恰因此,我们可以质疑一下,是否日常知性也就径直"有权"对无之本质作出决断。因此之故,对下述事态的指出就是必要的了:无虽然是空洞东西之最空洞者,但同时它也处处都找不到同类者。无的这种双重标识对于我们的问题而言具有其特别的含义。无是最空洞者并且是独一无二的。

但这也同样适用于存在。于是乎存在和无就是同一者了,这是一句令人感到奇怪的话,它看上去再度以事后的方式强化了那早已

---

① 海德格尔1929年弗莱堡大学教授就职演讲,现收入全集第九卷《路标》。——译注

被提及的疑虑,即存在只是一种无意义的和无根基的抽象。

然而,无对于我们而言并非无意义的虚无之物:在毁灭(Vernichtung)面前的惊骇和在灭绝(Ver-wüstung)面前的惊惧,事实上是在这样一种东西面前的畏缩,这种东西不能被说成是单纯的想象也不能被说成是纯然的无根基之物。

1797年11月2日,荷尔德林在给其兄弟的信中写道:"我们愈是为无所纠缠(无围绕着我们,就像深渊一样,向我们张开大口),或者,我们愈是被社会和人之活动的那无数次发生的东西所驱散(这种东西没有形状、没有灵魂并且没有爱地追逐着我们),我们这边的抵抗就必然会变得愈发激烈、猛烈和暴烈。或者它①并非必然如此?"……②

但是,倘若无惊骇着人,并且使人出离其惯常闲逛之所和逃避之所,则又如何呢?倘若无与存在乃是同一者,又会如何呢?那么,存在也就必然显示为使人惊骇者和可怖者,显示为那种令我们不安的东西了。但我们却很少愿意承认这一点。只要我们活动在那些关于存在的通常观念中,我们就把无作为无关紧要之物给撇到一边去了,而这就已经是一种对存在的逃避。这种对存在的逃避以多种多样的方式发生着,这些方式本身是不可辨识的,因为存在者的优势要求着一切思虑,以至于用存在者进行的盘算甚至常常就被视为沉思了。对存在的逃避显示在这一情形中:存在被当作一切可理解

---

① "它"指称前面所说的"我们这边的抵抗"。——译注
② F. 荷尔德林:《全集》,历史考证版,编辑工作由N. v. 海陵格拉特始创,并由F. 西巴斯和L. v. 皮格努特推进,第二卷(1794—1798),柏林,第2版,1923年,第420页。——原注

之物的最易理解之物。存在之如此这般以及它能够如此这般——这一情形的关键却也必然又在于存在本身。但究竟为何会是如此，目前还看不清楚。然而，一旦我们通过那"自明之物"注意到那种持续的向安慰放心的逃避遁入，我们就会处处都轻而易举地觉察到，人是如何立即就把迄今未被阐明的存在者嵌入到可理解之物的范围中去。因此之故，当每一个人都恰恰喜欢按照偶然产生的念头和刚好流行的观点以及几乎未被深思过的看法来自以为是地对存在者之存在作出判断时，人也就觉得这是完全顺理成章的。相反，在事关存在者之布置和存在者之研究的地方，人们却又认为下述事态是完全合理的：训练有素的能手和资深的专家以及聘任的主管一言九鼎，众人之随意的判断在此不再可以置喙。

我们指出了现代原子物理学在今天的那些要求（它们要求能够为世界阐释活动本身给出主导线索），这一指出所要澄清的仅仅是这一点：在现代物理学中起支配作用的那些关于存在者的基本观念被提升为世界考察活动本身的主导尺度了，更确切地说，在这种进程中看不到什么特殊之物和任意之物了。人们认为下述事情是多余的，即去深思一下，存在者整体的筹划是否有其本己的合法性，以至于这种筹划不可任意地从某处而来得到实施。现代物理学因而是着眼于并且仅仅是着眼于我们那种主导性的思考（这种思考所对准的是存在之本质以及存在之自行显示的方式）而被提及的。这里所关乎的，并非是要对今天的物理学作出一种比方说哲学的批判。若是这个目的的话，我们就得以另种方式进行我们的考察工作了，这种考察也不可局限于对"因果律"的探讨。

但是，当今天的物理学把一种进程的被引致存在（Verursachtsein）

与它的事先可预见性（Vorausberechenbarkeit）等量齐观的时候，这就不是偶然发生的事情了。人们不可就这种等量齐观简单地解释道：因果性原则是存在者的一种原则，而可预见性却是存在者之认识的一种原则，因此物理学恰恰犯了一个错误，即把一种存在论的规则转释为一种"认识论的"原则并因而混淆了不同的领域。但问题仍然存在，此即，在何种意义上因果性原则是存在者的一种规则；那种幼稚的观念（在这种观念看来，因果性恰恰是现实之物的规则）在此是不足以应付的。在这种幼稚的因果性观念与物理学的因果性概念之间伫立着康德以及他的因果性阐释，这种阐释也不是偶然的，而是被近现代物理学的形而上学基础所共同规定的。在我们的语境中，事所攸关的并不是对当今物理学之因果性观念的一种表态，而是对下述事态的指示，此即：在物理学的那种要求（它要求着作为量子物理学而能够为一种"量子生物学"提供根据并因而仿佛能够论证一种"量子历史学"和一种"量子形而上学"）下面起支撑作用的是一种几乎未被思考过的态度，这种态度把存在之本质看作是自明的。物理学的这种要求，相应地在今天也是从生物学而来的，对这种要求的指示至少可以使我们看出这样一种迹象："存在"被我们视为最易理解的东西了。

### 3. 诸主导句的意义：指示了对存在与存在者之区分的沉思

我们尝试着通过一系列的主导句来对存在者之存在取得一些认识，但这样做首先只是——从辽阔之整体来看——为了让我们为那种决断做出些许准备，亦即决意去遵循那个古老的箴言"μελέτα τὸ πᾶν"[要关切存在者整体]，并在这种遵循中更加接近西方思想的开端性东西，如此而对在开端本身那里被道说的东西有所知晓。倘若从这种开端性的道说而来有一句话切中了我们，我们就至少为那种向度——唯有在这种向度中，这里的东西才必然会得到倾听——做了更加明晰的准备。

由于在这次课中自行给出了一种总括，即对所有的、我们所必需的主导句的总结概括，因此现在就不必对先前诸课时加以详细的重述了。考虑到已然流传的种种误解，唯有这一点还需提醒一下：存在的这些主导句不是作为命题语句出现的，后者宣告的乃是一种特殊的学说甚或一种"体系"，或者说命题语句所发展的也只是一种特有的关于存在的"理论"而已。这些主导句并非命题语句，后者作为"关于"一种"哲学立场"的断言是可以依次递送的。倘若以为这些主导句是命题语句，则它们就彻彻底底被根本误解了。

这些主导句指示了对某种东西的沉思，当我们对我们能够缺少的东西拥有适宜的眼睛的时候①，这种东西就臻于光亮了，并且这种沉思可以在任何时候基于每一种处境以不同形式得到实行，这种沉思也不需要拘泥于这里所说东西的字句内容。

因为关键在于：去关注某种未被关注的东西，并且学会对此的关注；然而这样做却不是那种匆匆忙忙的、立即去张望用益和用处的欲望。在这种沉思的领域中，关键在于拥有这样一种勇气（Mut），即不要像惯常的和特有的对各种现实之物的计算活动那样如此"大胆"（mutig）。关键在于拥有这样一种勇气，即要在存在者与存在

---

① "我们能够缺少的东西"实指"存在"，参见本书（中译本边码）第5页的译注。而所谓对之"拥有适宜的眼睛"意即对"存在之盲"的破除，亦即，以存在之区分的目光发现与存在者有别的存在本身。——译注

之区分的领域中环顾寻视并且根本承认在那里起支配作用的东西。关键在于顶住那种在此几乎不可根除的疑虑（怀疑一切如此被尝试的东西都只是一种陷入抽象的迷误而已），并且是依据日益生长的存在之知识（这种知识对我们而言可能就像是一切抽象本身的具体体现）来顶住这种疑虑。

我们最后看到：存在是被言说最甚者；因为存在在语言的每一句话中都被言说了，尽管说和写通常只是关于存在者的说和写；是存在者臻于表达。即便当我们特意地说"是"并因而命名了存在之际，我们之说"是"也只是为了就存在者来陈述存在者。存在者被言说。存在被隐秘缄默。这不是我们所做出的也不是出自我们的意图，因为我们不能找到这样一种意图（不言说存在）的任何踪迹。因此这种隐秘缄默必定来自存在本身。但存在本身乃是其自身的隐秘缄默（Verschweigung）[①]；这可能才是使沉默（Schweigen）得以可能的根据，才是寂静之本源。正是在这种隐秘缄默的领域中，才每每生成了言语。

---

[①] 这里的"隐秘缄默"不应被理解为存在者层面的"隐瞒不说"，而应被理解构成存在之本性的存在之"自行回隐"。通过对"自行回隐"与"隐秘缄默"的贯通，作者也由此深化了他对"存在"与"道说"之同一性的沉思。——译注

# 第三章 存在与人

## 第 17 节 存在的分裂性与
## 人的本质：抛置与抛弃

倘若我们说，存在是最易理解的东西，是被言说最甚的东西，是被遗忘最甚的东西，那么这里所命名的不就是这样一种东西吗——它仅仅应被归于存在，只要它与我们的理解、我们的言说、我们的遗忘处在一种事后的关联中？这所有属于我们的东西，难道不是这样一种东西吗——它属于人的配备，属于人类主体的配备，因而一切与它有关的东西都立即褪色为一种"主观性的东西"了？但我们据说却应思考存在本身（selbst），亦即思考存在"自身"（an sich），亦即"客观地"思考存在。

然而，一切与人有关的并且从这种关联而来得到规定的东西，事实上不都已经因此立即就是"主观的"了吗？倘若如此，但为何"主观的东西"立即又遭到了怀疑？无论如何，主观的东西只有在一个"主体"存在的地方才存在着。但问题却始终在于，人是否根本上是一个主体且仅仅是一个"主体"，人的本质是否仅限于去是

## 第17节 存在的分裂性与人的本质：抛置与抛弃

一个主体。或许只有现代的和"最现代的"（neuzeitlichste）[①]人才是一个"主体"，或许这一点是有其本己的根据的，但这些根据却根本不足以保证，历史性的人——我们本身就处于其历史当中——本质上必然是且始终是一个"主体"，必定始终是"主体"。对于所有这一切而言，或许得澄清一下，人是"主体"究竟意味着什么。倘若这恰恰只是对于那种人而言的——这种人是主体，能够把存在者作为客观东西提供出来，则又如何呢？倘若在最现代的现代中才达到了一种"客体性"，一种历史此前从未知晓过的客体性，则又如何呢？这一情形的出现，仅仅是因为，人变成了主体。主体性并非已然意味着对真理的排除。

无论我们想要如何提出这些问题并回答这些问题，存在的那些规定（按照这些规定，存在是最易理解的东西、被言说最甚的东西、被遗忘最甚的东西）所意味的东西，都始终明确地关乎人和人的那些行为方式（理解、言说、遗忘），存在因而是从其与人的关联而来被思考的，是按照人之形态而被理解的，因而被看作是"类似人的"（anthropomorph）并由此被拟人化了。我们并没有进入与存在本身的关联中，而顶多只是走向了我们人所想象的那种存在。

我们事实上就连这种困难都还没有注意到[②]，并且我们让那种危险持存着，即我们处处都没有思考存在本身而只是把存在给"拟人化了"。虽然存在的这种拟人化能够始终给予我们一种对存在本

---

[①] 对"neuzeitlich"译名的解释参见本书（中译本边码）第15页的译注。——译注
[②] "这种困难"指此前的那句话"我们并没有进入与存在本身的关联中，而顶多只是走向了我们人所想象的那种存在"所说的事情，亦即，我们并没有进入真正的"人与存在的关联"，而顶多只是走向了一种臆想性的存在。——译注

身的概览(虽说是一种混浊不清的概览),然而我们却还面临着一种更大的疑虑,这种疑虑威胁着要摧毁现在所尝试的所有对存在的沉思。

我们说:存在"是"最空洞的东西,"是"隐秘缄默,"是"最易理解的东西,"是"丰富洋溢。存在"是"(ist)——哎呀,在这种言说中,存在(由于我们把它说成某种"存在着"[ist]的东西)难道不是不可挽回地变成了存在者、因而就恰恰变成了它本应与之根本有别的那种东西了吗?我们尽可以把这些关于存在的断言无穷无尽地堆积起来,但它们事实上在第一步中就已经失效了,因为,对我们而言,以"存在是……"之形式进行的断言事先就已摧毁了我们想要把握的那种东西,即:与存在者相区分的存在。但倘若存在立即向我们显现为那种东西,即不同事物每每所"是"的那种东西,则存在——完全不考虑我们在对它进行表象之际是否把人之特征赋予了它——在此还能够根本地作为存在而显现吗?无论何处,无论何时,每当存在被提及的时候,所意指的立即就是而且只是存在者。

由此来看,"自然的"思维方式就赢得了其完全的合理性辩护。惯常的意见处处都固执于存在者,并且把所谓的存在解释为一种"抽象",解释为一种不切实际的空话,认为正是这种空话让所有追踪存在的思想家们变成了傻瓜。因此继而就可以看清,对存在的忽视和对存在之可问性的遗忘或许遵循着一种典型的见解,亦即这样一种见解:就存在而论,到处都没有什么严肃认真的东西可以发问。惯常的意见因而就坚持于这一点:只有存在者"是/存在着"(ist)[①]。

诚然——只有存在者,但什么"是"与它在一起的呢?它,存

---

[①] 我们此前已经指出过,鉴于汉语的实际情形,仅仅以"是"来翻译"ist",不足以表达作者行文中的复杂意蕴,我们因而只能勉强译之为"是/存在着"。——译注

在者，"是/存在着"（ist）。那么何谓：它"是/存在着"（ist）？存在在哪里呢？当我们赞同前述那种疑虑，把存在当作抽象给撇开不顾甚至去掉它并因而只接受存在者的时候，"存在者是/存在着"（Das Seiende ist）这句话又是怎么回事①？那么就只有"存在者"持存了。但是，存在者"持存"（bleibt），又是什么意思？这句话所意谓的东西难道有别于下面这句话吗：存在者并且只有"存在者""是/存在着"？② 当我们想要只是坚持存在者并且避免存在之"抽象"，十分强硬地仅仅逗留在存在者那里，并因此说道"存在者是存在者"，这时，我们也还是言说了"是/存在着"并因而也还是从存在而来思考的。存在始终一再地向我们袭来，而且是作为我们绝非不能思之的那种东西向我们袭来。

因此我们就处在两种同样不可规避的界限之间：一方面，当我们思考存在并就之说道"存在'是/存在着'"之际，我们立即就把存在弄成一种存在者了并因而否认了存在之本己的事业（Werk）：存在被我们所抛弃（Das Sein wird von uns verworfen）③。但另一方

---

① 这句话的意思是：倘若遵照惯常意见把存在当作无谓的抽象给撇开不顾甚至去掉它，此时再说"存在者是/存在着"就非常别扭了，因为这种措辞要能成立，就不能不诉诸"存在"。——译注

② 这几句话的意思是：即便不采用"存在者是/存在着"这一措辞，而改用"存在者持存"这样的措辞，也还是换汤不换药。由此就论证了作者接下来所要阐明的那一立场：我们根本就不能撇开"存在"而单单描述"存在者"，在对"存在者"的任何一种言说中我们都已先行领会了"存在"。——译注

③ "verworfen"的动词原形是"verwerfen"，有"乱抛"和"拒绝,摒弃"这两种基本含义。作者这里的措辞有双关考虑，兼具上述两种含义。"乱抛"对应着人面对存在的"筹划/开抛"［entwerfen］，意味着人没有以适宜的方式进入存在之关联，而是拒绝和摒弃了存在。综合这两种含义，这里尝试译为"抛弃"。——译注

面，无论我们在何处经验到一种存在者，我们仍然都不能否认"存在"和"是"。因为，一种存在者，倘若我们没有把它作为一种存在者来经验的话，亦即着眼于存在来经验它的话，它又应如何对我们而言是一种存在者呢？

存在已经自行向我们抛投和抛置了。存在：自行向我们抛置着并且被我们所抛弃，这看上去像是一种"矛盾"。然而，我们并不想把在此开启的东西截获到一种形式思想的形式性的模式中去。倘若这样的话①，一切就都只是在本质上变得稀薄了并且在一种"佯谬"（paradoxen）措辞的外观下变得没有本质了。与之相反，我们必须尝试着经验到：我们，被置于这两种界限之间的我们，被置入到一种独一无二的逗留域（Aufenthalt）②中了，从中是没有任何出路的。但是，当我们发现自身已被置入到这种无出路状态中的时候，我们就会注意到，就连这种最大的无出路状态可能也源出于存在本身。那些主导句事实上全都指示了存在的一种特有的二重性。

当发问活动以刚刚指出的方式遭遇了诸多看上去不可克服的困难，当思想发现自身被置入一种无出路的处境中，这时，按照过去思想的方式，思想还是能够帮助自身脱离困境的。我们虽然已经拒绝了那种最切近的做法即查明确定一种矛盾并仿佛用一种"佯谬"来进行游戏——因为〈这种做法意味着放弃思想，而〉思想的放弃或许是思想解决其任务的最可悲的方式了——但是，按照以往在通

---

① 意即：倘若我们把在此开启的东西截获到一种形式思想的形式性的模式中去的话。——译注

② "Aufenthalt"有两种基本含义，其一是"逗留"，其二是"逗留地点、居住地点"，从语境看，这里应是侧重于第二种含义。——译注

### 第17节 存在的分裂性与人的本质：抛置与抛弃

常流行的哲学问题中所使用的思维方式，着眼于现在所达到的那种无出路状态，人们却还可以有其他的想法，更确切地说是这样想的：鉴于这种无出路之处境（一方面，存在能够变得不可规避，但另一方面，当人们探讨存在时，存在立即被弄成一种"存在者"了，如此就又使存在丧失了其本质），人们根本就放弃了存在之问题并且宣称这一问题乃是一个伪问题。但或者人们也决定承认这种现在被揭示出来的无出路状态（窘境）。人们于是也就必然以某种方式达成了对这种无出路状态的理解。在这些情形中，那种受欢迎的做法——化不利为有利（aus der Not eine Tugend macht）——起了拯救作用。与之相应，我们可以鉴于我们的无出路状态而说道：存在恰恰迫入了这种无出路的东西之中并且强取了这种无出路的东西本身。因此存在本身也就表明其乃是这样一种东西，它同时是以下两种情形：它不可避免地被表象了并且尽管如此仍是不可把握的。存在就如此这般地表明自身乃是这种东西，是这种无出路状态，这恰恰就是存在之本质。这种仿佛由存在带来的无出路状态乃是存在之特有的标识。我们因而也就把这种无出路状态当作一个谓词，借助于这个谓词，我们也就赢得了关于存在的那个决定性的断言。此即：每一次，在每一种试图思考存在的尝试中，存在都被颠覆成一个存在者了并因而在本质上被摧毁了；尽管如此，存在并不会让人否认它乃是与一切存在者有别的东西。存在本身恰恰具有这样一种本性，即它会把人之思想带到这种无出路状态中。倘若我们知道了这一点，我们也就已然对存在有了本质性的了解。

但我们真的对存在"有所了解"吗，还是说我们只不过是查明了，在那种试图去把握存在的尝试中，存在是如何关乎我们以及我们之思想的？事实上我们所获得的仅仅是这样一种洞见，即我们无能于去把握存在本身。只要我们仅仅满足于提出上述这种无出路状态，我们就查明了一种"窘迫"。但伴随着这种查明（它看上去像是一种重要的洞见），我们却对那个逗留域——尽管完全不理不顾，我们始终都处在其中的那个逗留域——闭目不见了。因为我们在所有与存在者的对待行为中都需要着存在。但我们却还是可以思考我们立场的另一种可能性，即我们既不对这种无出路状态闭目不见，也不把这种无出路状态本身以及对它的查明冒充为智慧的结论，我们宁可并且首先在这种无出路的处境中环顾寻视，排除掉一切想要从中脱离的匆忙打算。

当我们言及存在的时候，存在就被我们弄成"存在者"了并因而被抛弃了（verworfen）。但存在始终已经向我们抛置了（zugeworfen）。抛弃并且同时抛置，无论朝哪个方向看都没有出路。倘若任何出路的缺乏指示着，我们根本不再可以思考出路，也就是说，我们要首先踏足立身于那臆想性的无出路的地方并稔熟其中如居本土，而不是去追求那惯常的"出路"，则又该如何呢？倘若我们所需要（beanspruchen）的"出路"源出于这样一些要求（Ansprüchen），这些要求始终与存在之本质不相宜并且仅仅是源自对存在者的嗜求，则又该如何呢？倘若那无出路的东西（当我们想要把握存在的时候，存在就把我们置入这种无出路的东西中了）首先必须被当作一种暗示，它暗示出，我们已经在根本上被置入到何方中去了（我们在这里所对待的乃是存在者），则又该如何呢？

这种"无出路"的地方并不意味着一种处境，我们不可将之等同于常见行为的某种日常"处境"，或者哪怕只是这样比较都不可以。这种地方意味着一种尚还隐蔽的逗留域，我们历史之本质的本源就归功于这一逗留域。只要我们试图通过那些历史学的描述——对在历史学意义上可知的诸多进程的历史学描述——来让这一逗留域变得可以认识，我们就没有切中这一逗留域。因为这一逗留域乃是这样一种东西，它关系着我们的本质。我们是否知道这一点或者我们是否只是挪移到一种沉思中去了，这都不是决定性的。

那么，倘若我们或许根本就不知道我们在哪里并且我们是谁，则又该如何呢？倘若迄今对那一问题（我们是谁）的诸多回答，仅仅是依据于对一种早已给出的回答的随机运用，而这种回答，根本就不相称于在现所触及的这一问题（我们是谁）中可能被问到的东西，则又该如何呢？因为现在我们根本就没有对"作为人"的我们进行发问，假定我们是在传统含义中理解人这个名称的。按照传统含义，人乃是"生物（Lebewesen）"（animal, ζῷον [动物]）的一种，只是所居住的地球上以及宇宙中的生物中的一种。我们知道这种生物，尤其是因为，我们自身就属于它的类型。存在着大量的"科学"，它们给出了关于这种被称作"人"的生物的知识，人们把它们统称为"人类学"。有些书被冠以诸如《人》这样的狂妄自负的标题，它们假装知道，人是谁。仿佛美国的伪哲学——今天德国的科学正过于殷勤地接纳着它——的看法已经表达了关于人的真理。

我们也可以随意地在至为不同的、更狭隘或更宽广的区域中确定"人"这种生物，例如在其日常活动的更狭隘或更宽广的范围中来确定之，或者在至为广阔的地球之区域中来确定之，然而地球却又只是茫茫宇宙中数以亿计的星体中的一个。尼采在其《非道德意义上的真理与谎言》论文的开篇处说道："在闪烁地浇铸出无数太阳系的宇宙的某个偏僻角落里,曾经有一个星体,在它上面,聪明的动物们发明了认识。这是'世界历史'(Weltgeschichte)①最高傲和最骗人的一瞬间:但也仅仅是一瞬间。在自然的几次呼吸之后,这个星体就会凝固,而聪明的动物们必须死掉。"②人:一种在"自然"中出现的、配以聪明(理性)的动物,亦即 animal rationale [理性动物]。

## 第18节 存在的历史性与人之历史性的本质逗留域

但我们在这里所问的并不是作为自然存在的人,同样也不是作为"理性存在"的人;我们根本所问的并非作为一种存在者(它出现在其他存在者当中)的人。我们也不是问这样的人——他处在与存在者的关联中,毋宁说,我们现在是这样来追问那种被命名为"人"的存在物的,即我们只把下述内容经验为人的独一无二的规定,此即:站立在一种由存在本身所展开的逗留域中,也就是说,处在这样一种逗留域中,对这种逗留域,我们迄今为止受制于惯常思维方式可能还首先将其称作一种"无出路状态"。我们现在是在一种逗留域中经验人之本质的,在这种逗留域中,存在作为抛置而显示出不可规避性,并且在其中显示出它的不可触犯性;我们经验了一种

---

① 这个词也可按语竟译为"宇宙史"。——译注
② 尼采:《遗著作品:来自 1872/73—1875/76 年》,《尼采全集》第 2 部分,第 10 卷,第 3 册:《非道德意义上的真理与谎言》,莱比锡,1903 年,第 189 页。——原注

逗留域，但在这种逗留域中，存在也仿佛使自身遭到了一种自我毁灭，只要存在通过一切对它的表象和思维立即变成一种存在者的话。

我们经验了这一点，也就是说，我们摆脱了那些虚假的可能性，即逃避这种逗留域的可能性。我们开始放弃这样的做法：通过诉诸这种存在者和那种存在者来寻求一种依据，以便了结"存在"，或者为了事先就不必询问存在本身而提供一种托辞。但我们也不否认，对这种逗留域的经验包含着一种苛求，这种苛求是不可以按照通常对"思考"的要求而被估价的。对这样一种经验的苛求首先并非源出于我们，仿佛它只是思索的结果并且是依据某种哲学"立场"而被构思出来似的。对历史性之人的逗留域加以经验的这种苛求源出于存在本身的一种要求，历史性之人（本身）的持存就抛锚停泊在这种要求之中。这种要求出自历史的那种尚还隐蔽的本质。因此之故，对历史性之人的本质逗留域加以经验的这种苛求就令人感到陌生奇异。我们绝不应减少这种陌异性。我们想要坚持这种陌异性，并且这首先意味着：我们想要承认，我们并不是任意地和没有准备地，并且从来不是未被召唤地和借助于一种在我们身上出现的单纯好奇，就对历史性之人的本质逗留域有了哪怕一点点的经验。我们承认，为了达成对历史的这样一种经验，我们所需要的是，历史使我们回忆[①]，并且给予我们对沉思的暗示。这样一种沉思允予我们对西方思想第一开端的回忆。

---

[①] 如同此前指出过的那样，这里的"使……回忆"也有"使……内在"之意。参见本书第14节的译注。——译注

为何会是这样一种情形,只有这种开端本身才能向我们道明,假定我们让本质性的东西向我们道说的话。

## 第 19 节　对西方思想第一开端的回忆是对存在的沉思,是对根据的把握

然而,多种多样的原因导致了,我们在此立即就遭遇了一系列的疑虑(其中部分疑虑是流行常见的),这当中我们只提两点疑虑,但却不会予以进一步的探讨。人们会说:西方思想的第一开端对我们而言是不可通达的;即便它在历史学意义上是可以通达的,它也不起什么作用了。对早已过去之物的当前化能有什么用呢?

事实上,倘若这种当前化所针对的只是一种曾经存在并且现在早已不再存在的存在者,倘若这种当前化所针对的是一系列的曾经活过的思想家们的思想活动,则我们就只是把我们的寻求接合在一种消逝之物上面了。然而,我们并不是想要让一种逝去的存在者在当前中复活,我们想要的毋宁是对存在的内在觉察(des Seins innewerden)①。我们在沉思中回忆起存在和那种方式,即它如何开端性地本现,并且作为开端性的东西还依然本现,却没有由此而变成一种当前的存在者。开端性的东西虽然是一种曾在之物(Gewesenes),但却不是什么过去之物(Vergangenes)。过去之物始终是不再存在着的东西,曾在之物却是那依然本现着的存在,但存

---

① 作者在此有双关语义。"innewerden"［领悟/觉察］一词在字面上有"内在于……"之意。我们勉强译为"内在觉察"。——译注

在却是那种在其开端性中隐蔽着的东西。

开端的这种隐蔽性并不意味着它被完全掩蔽了,而只是意味着它对于我们而言的那种首先不可经验的(亦即不可从自明之物而来加以经验的)切近的本性。对我们而言,存在的这种开端或许比一切我们认为并使之得到公认的那些最切近的东西都要更近,也就是说比一切存在者(存在者作为现实之物看上去把一切东西都吸纳于自身之中并支配了一切东西)都要更近。

过去之物是过去了的,也就是说,这种过去存在着的东西不再是存在者了;一切历史学都是在处理不再存在着的东西。没有哪种历史学的当前化工作能够让过去的存在者再度成为存在者,成为它所曾是的那种东西。一切过去之物也都只是消逝了的东西;但存在者的消逝发生于存在的本质领域中。然而存在并不在某个地方"自在地""持存",而是过去之物中的真正历史性的东西,是那不消逝的东西,也就是说,是那开端性地曾在着的东西和开端性地再度本现着的东西。

对开端的回忆所指向的并不是存在者和过去之物,而是曾在之物,即那依然本现着的东西,即存在。或许开端通常是由于下述原因而始终处在不可通达者的假相中——因为开端乃是超近者,而我们恰恰是由于它的近而始终已然忽视了它。或许这一点就属于逗留域(我们历史性的本质始终被保持在其中)的本性,即:我们虽然并不缺少对一切近之最近的观照和思考,但却可能被抑制了,更确切地说,是被现实之物的那种权力所抑制了,现实之物狂妄地以为自己不仅成为了当下存在者的尺度,而且成为了存在的尺度。

诚然,倘若我们对那种看法——每一种试图把对西方思想第一开端的回忆直接和毫无准备地提升为一种决断的尝试都属于幻想之领域——予以否认，则这就是在蒙蔽自己。我们因而也就放弃了对这样一种尝试作详尽辩护的打算。反正，倘若这样一种回忆的尝试没有事先和首先被实行的话，先对这种尝试予以辩护就始终是没有意义的。我们甚至必须还要走得更远些并且立即承认，这样一种回忆着的、入乎西方思想第一开端的回行，自身就带有一切暴力性的标志。

回思到作为曾在者和依然本现者的开端中去，也就是进入到那种东西中去，只有这种东西才有未来（Zu-kunft），因为抛置（Zuwurf）就归属于这种东西①的本质，忆入到开端中去（in den Anfang erinnern），这②意味着，把一切沉思聚集到"根据"上去，去把握"根据"。"根据"（Grund）在此所意谓的东西，我们最容易从其词语用法中获悉，亦即言说"前景"（Vordergrund）、"背景"（Hintergrund）以及"中景"（Mittelgrund）③的那种词语用法（倘若我们只把那种"空间性的东西"去掉的话）。根据在这里乃是接纳，是出乎自身并入乎自身的聚集者，正是这种聚集允予了那种敞开域，即一切存在者皆在其中存在着的那种敞开域。"根据"意味着存在本身并且存在本身乃是开端。

---

① "这种东西"即作为"开端"的"存在"。——译注
② "这"指称的是上面两句平行的话："回思到作为曾在者和依然本现者的开端中去"和"忆入到开端中去"。——译注
③ 这三个词语在正文中皆按其语用意译出，但其字面意分别是："前面根据"、"后面根据"、"中间根据"。——译注

# 要点重述

## 1. 人与存在之关联中的那种对反性的本质：存在之抛置和存在之抛弃 ①

关于存在的那些主导句每每都是这样说的：存在"是"……，"是"丰富洋溢，"是"隐秘遮蔽，"是"自由释放。存在"是"……，"是"这个和那个。一种东西，当我们说"它是"的时候，它就由此被说成是存在着的了。对存在的这种言说（它，存在，是……）突然就把存在反转为一种存在者了；这种言说因而是以这样的方式言说的，即仿佛它完全不愿对存在有所了解。在通过关于存在的语词并且是每一种关于存在的语词而对存在的言说中，存在恰恰被抛弃了。但尽管如此，对存在的这种抛弃却绝不能放弃存在。因为存在已经作为"光"而向我们自行抛置，各个存在者正是在这种光之中才显现为一个存在者。我们也不能这样来对待这种抛置，即仿佛它可能会在某个时候失效似的，因为我们在与存在者打交道的时候事实上也从未如此经验存在者的存在，仿佛它是混迹于其他存在者中的一个存在者似的。

存在之抛置和存在之抛弃是同样本质性的。二者中没有哪一方能把另一方推入无本质之境。我们自身并不能反抗存在之抛置；我

---

① "存在之抛置"是指存在所施行的抛置，"存在之抛弃"是指我们对存在的抛弃，详见本书第 17 节。鉴于"之"字所对应的原文第二格"des"的双重意蕴，我们因而可以将"存在之被抛弃"或"对存在的抛弃"也译为"存在之抛弃"。——译注

们也不愿如此。但同时，存在也对我们自行回隐了，倘若我们尝试去特意言说它的话。我们因而只是在同存在者发生关系而已。存在已经以特有的方式使得我们本己的人之本质爆裂分散了。我们归属于存在但又不属于存在。我们逗留在存在之领域中，但又不是直接被允入其中的；我们就像是在最本己之家乡中的无家可归者，倘若我们可以这样来命名我们特有的本质的话。我们逗留在一种领域中，这种领域同时被存在之抛置和存在之抛弃所贯彻。我们虽然通常几乎不关注我们逗留域的这种特性，但我们现在却要问道：当我们因而被置入这样一种逗留域的时候，我们究竟"如此"（da）存在（sind）于"何处"①？（存在历史性的回答是：在此-在[ Da-sein ]中）。

这种逗留域只是对我们那通常被明确规定和被最终确保的人之本质（它事实上任何时候都可以用历史学的方式复算和描绘它的处境）的一种令人感到陌异的附加物吗？或者这种在存在中的逗留域甚至就是那种东西吗，正是在它之中并出自它，我们历史性人类的本质方式、本质地位以及本质起源才能每每不同地得到决定？倘若如此，则只要我们否认了在存在中的这种逗留域而只是记录下人类的"精神性的"和"精神史性的"处境，我们就始终根本地远离了针对我们自身而作出的那种本质决断。这样的话，就要根本地问一下：人在其历史中究竟是否已经被坚决地递送到其特有本质的决断领域中去了，而这种递送乃是为了让他在那里参与对其历史性本质的建基而不是仅仅忙于其"历史学的任务"。这样的话，变得根本可疑的就是：是否我们已然能够知道我们是谁，我们是否能够凭借

---

① 这句话的原文是："Wo" sind wir denn "da"？——译注

当今的思想之要求而根本地知道这一点。这样的话，那早已流行并且每个人都熟悉的关于人的认识，就还无法保证人完全能够去问哪怕只是以一种充分合乎本质的方式去问，人是谁，更谈不上保证人能够为这种发问找到一种具有负荷力的答案，这种负荷力能够使人之本质在一种历史性人类中臻于实现。

但我们这样难道不是让自己受阻于那些假装出的和臆想出的障碍了吗，仅仅因为我们现在在对存在的沉思中发现存在与人的关联是如此分裂？我们还是不要理睬人与存在之关联中的这种对反性的本质了吧。存在同时向我们自行抛置并且我们——尽管我们需要存在——同时抛弃存在，这究竟能扰乱我们什么呢？我们还是根本不要去管人与存在的这种关联了，我们还是去考虑一下那满足每日急需的东西吧。

倘若我们思考一下人在存在者中的位置，则一下子就会显示出那令人抚慰的境况：人之本质早就已经被决定了。也就是说：人是一种"生物"，更确切地说是这样一种"生物"，它能够发明、建造并且使用机器，能够用诸物来计算，能够把一切统统都置入它的计算和盘算中，亦即置入 ratio[计算/理性]① 中。人乃是赋有理性的生物。因此人才能够要求，世界上的事情要"合乎逻辑地"发生。

在这里，在"要有一个'理性'的世界"的要求中，对"人"这种生物而言却可能会出现这样一种危险：人把"理性"给神化了，正如在近现代进程中已经发生并且是在第一次法国革命中首次发生的

---

① 拉丁语的"ratio"有"根据""计算""理性"等多重含义。作者对此概念之含义的详尽探讨可参见其后期讲座《根据律》（海德格尔：《根据律》，张柯译，商务印书馆，2016年）。——译注

那样。但"人"这种生物却可能是以下述方式遇见这种危险的,即:这种生物并没有消散在对"生命"的单纯盘算中,而是为"生命"本身的涌流而给予它一条自由的通道。因为"生命"对于"人"这种存在物而言事实上并非一种与之相对而立的对象,对于人而言,生命也不是一种在人旁边流逝而过的进程,毋宁说,生命乃是那种东西,是生命本身所实行、所历尽、所经受的东西,就好像河流引导它自己的涌流贯通于自身并且为这种涌流所承载。正如人们自19世纪以来所说和所教导的那样,生命(Leben)乃是"体验"(*Erlebnis*)。并且生命并非只是偶尔是一种"体验",不如说,它乃是一种连续的"体验"之链。一种被理性所主导的人类将指望着,这种体验之链永不断裂。(这样的话就能使得生命完全被"体验"所"渗透"了。绝不需要坚持于单纯的"体验"。人们是能够在"体验报道"中抓住体验的。在学校中人们就已经学会了这一点。)

然而,对于人这种"理性生物"而言,这里却出现了一种相反的危险,此即:现在并非理性在翻滚①,毋宁说,一切都只还"是"它被"体验"成的东西。但当生命的"计算性"和生命冲动的"体验之醉"之间的真正平衡被发现的时候,甚至当这种平衡不是处处和任何时候都能被发现的时候,所有这一切都会清楚地表明,人之本质已被明确地界定了:人乃是本现着的动物(——理性动物——)。

此外,对于那得到确保的人之本质而言,今天还有大量的科学可供支配,它们全都效力于人类学。我们在今天拥有了人类学;这样的话我们难道会不知道人是谁?很早以来,我们就有了机械制造、电子技术、排水工程以及诸如此类的工程师文凭。我们有了国

---

① 形象语言,喻指"并非理性在起支配作用"。——译注

民经济学家文凭，不久前有了林业经济学家文凭，现在又有了心理学家文凭。很快我们就能在表格和曲线中读出那种东西，即美国人数百年来已经通过心理学文凭所寻求的东西：查明人是谁，并且弄清人应该如何最合乎目的地、没有损失时间和精力地、在最适宜的位置上最有效地得到利用。但"人是谁"这一问题或许早在一切心理学文凭之前就已经得到决断了。一切人类学和心理学文凭都只是有组织地利用了这一决断。此决断即早已被熟知的那个决断：Homo est animal rationale。人是理性动物。（正因为计算和理性归属于人，所以人也能够做到动物永远不能达成的那种事情，即下降到动物之下。）

倘若人类的本质就这样被确定下来了，那么一种对人与存在之关联的沉思还要做什么呢？对存在的这样一种沉思难道不是与人的每一种自然而然的自身意识都相违背吗？此外，人的这种规定（理性动物）事实上也没有排除下述事情：对人的考察得到了扩展。人们可以在人的各种各样的生活圈子里来研究人，亦即在人与存在者的诸多关联中来研究人。

## 2. 忆入第一开端即置入那依然本现着的存在，即把存在理解为根据

对存在的沉思乃是对西方思想第一开端的忆入（die Erinnerung in den ersten Anfang des abendländischen Denkens）①。对第一开端

---

① 这里的"忆入"兼有"回忆"和"内在于"这两层意思，也可以翻译为"内化回忆"（参见本书第 14 节中的相关注释）。考虑到汉语表达的方便，译文会在不同语境择机用之。——译注

的忆入乃是对那更加开端性的开端的先行思入（Vordenken in den anfänglicheren Anfang）。所谓忆入，并非在历史学意义上漂泊于过往事物中，仿佛它想要从外在和后来而来把早先思想家以前"关于"存在的"意见"予以当前化似的。忆入乃是置入存在本身，存在本身依然本现着，尽管一切先前的存在者都已过去了。的确，就连置入存在本身的这种说法都始终是误导性的，因为它假定了，我们还没有置入存在；然而存在事实上却始终是这样一种东西，它对于我们而言比一切最近的东西都要更近并且比一切最远的东西都要更远。我们为了存在者（存在者的涌迫充斥了一切敞开域）而逃避了存在，但这仅仅是看上去如此。因此首先要做的也就不是置入存在，而是：我们要对我们在存在中的本质性的逗留域予以内在觉察，并因而要首先和本真地内在觉察存在（des Seins innewerden）[①]。

然而，"内在觉察存在"所意味的东西却有别于试图把存在提升到意识中去的那种尝试。这种内在觉察尤其不是什么徒劳的表象，亦即不是对人们在"存在"这个"概念"中大致所想象出和想象不出的东西的徒劳表象。理解存在，意味着理解"根据"。理解（Be-greifen）[②]在这里意味着"被"存在"包括"（inbegriffen）在存在之中。理解在这里每每都意味着基于人与存在的本质性关联的

---

[①] 我们此前就已提示过，作者对"innewerden"的用法有双重考虑（语用意："领悟，觉察"；字面意："内在于"），并且鉴于"存在与人之关联"的问题语境而侧重于"内在于"这层意思。我们把这两层意思统合译为"内在觉察"。参见本书（中译本边码）第20页及第66页的文本和注释。——译注

[②] 这里的"理解"（Begreifen）通常也可以译为"把握"（作者在这里显然也有这种双关考虑），但从前后语境看，特别是考虑到汉语表达的具体情形，这里译为"理解"更为妥当一些。——译注

人之本质的改变,但首先意味着对这样一种改变的准备,意味着对这种准备的预备,意味着对这种预备的关注,意味着向这种预备的推动,意味着对存在的最初忆入。一切能够为此而被尝试的东西,都保持在"暂先性的东西"(Vorläufigen)中。但或许这种暂时性的东西(Vor-läufige)也是一种入乎历史之未来的先行运作(Voraus-laufen)。只有开端着的东西和开端性的东西才是未来性的;当前的东西始终已经是一种过去的东西。开端也不知道匆忙;因为,对于一切开端性的东西而言,唯当它能够静息于自身之中的时候,它才能够开端,那么它又应向何处匆忙而去呢?入乎开端的沉思因而也就是一种不急不忙的思想,它从未来得太晚,顶多只是来得太早了。

# 第二部分

# 阿那克西曼德箴言中的开端性的存在之道说

## 第20节 语文学传统和哲学翻译的彼此对立的意图

我们从传统中领受了这样一个箴言，它出自西方思想的第一开端，是我们首先想要倾听的箴言。这个箴言来自希腊思想家阿那克西曼德，他大约生活在公元前610年至公元前540年。

这个箴言说道：

ἐξ ὧν δὲ ἡ γένεσίς ἐστι τοῖς οὖσι, καὶ τὴν φθορὰν εἰς ταῦτα γίνεσθαι κατὰ τὸ χρεών· διδόναι γὰρ αὐτὰ δίκην καὶ τίσιν ἀλλήλοις τῆς ἀδικίας κατὰ τὴν τοῦ χρόνου τάξιν.

我们要把对此的翻译（翻译本身已经不可避免地是一种解释）带到一种措辞中，这种措辞超出了精确的"字面上的"复述，已然插入了一些阐释性的话语。

我们翻译如下：

"但对于每每片刻性的当前显现者而言的'出现'所出自的那种东西，'退隐'也出现着归入其中（作为向同一者的归入），这乃是应合于迫切着的必要；因为每个当前显现者本身（从自身而来）都给予了适置，并且也让彼此尊重（承认），（所有这些）都来自对非适置的转化，而这乃是应合了时间所给予的那种对时间性东西的指派。"①

这个箴言始终被传送给我们了，这一事实对我们而言要比下述问题更加本质性，即：这种传送是如何发生的，如何能够在细节上

---

① 这段译文的原文为："Von woheraus aber der Hervorgang ist dem jeweilig Anwesenden auch die Entgängnis in dieses（als in das Selbe）geht hervor entsprechend der nötigenden Not; es gibt nämlich jedes Anwesende selbst（von sich aus）Fug, und auch Schätzung（Anerkennung）läßt eines dem anderen,（all dies）aus der Verwindung des Unfugs entsprechend der Zuweisung des Zeitigen durch die Zeit"。作者的这种翻译看上去颇为古怪，但后文中有对此的详细解释。例如，关于何谓"退隐也出现着"，可参见本书（中译本边码）第105、114页；关于何谓"给予了适置"，可参见本书（中译本边码）第119页。此外需要特别指出的是，"jeweilig"的日常语用意有"各自的"和"当时的"这两种含义，但作者对此词的使用有双关考虑，即不仅使用其日常意，更强调其字面意"je-weilig"［每每片刻性的］（参见本书第121页）。或者说，作者试图以此揭示出，"各自的"和"当时的"这两种日常含义来自一个共同的本源含义即"每每片刻性的"。而且作者的这一做法可以得到词源学的支持（参见《杜登综合词典》对"jeweilen"词条的词源分析：jeweilen（意同 jeweils 和 jeweilig）由"je"［每］和"Weile"［片刻］的复数第三格共同构成）。我们故考虑将此词统一译为"每每片刻性的"。至于作者为何要如此解释此词（即这种词义理解与他的主导思路之间是什么关系），请参见本书（中译本边码）第114页的文本和译注。——译注

得到确保和支撑；因为这种传送首先被归功于此箴言之本己真理的特别分量。

我们首先致力于这个箴言的真理，亦即被此箴言纳入言辞中的那种东西的真理。我们首先沉思在此被根本谈及的那种东西的本质。在这种做法中，我们故意越过了历史学-语文学之科学的诸要求，并且承认，我们遭受着非科学性的指责；因为"科学"将要求这样一种做法，它与这里所遵循的做法截然相反，并且可以通过"语文学"方面的一种表态而得到最好的标明，语文学所给出的解释如下："对在多重折射中流传下来的源始材料的源初文本的精确重建和清晰理解，乃是每一种旨在描摹出阿那克西曼德哲学之基本路线的研究的前提和出发点。"①

对于这种看上去明白易懂并且完全无可指摘的解释，现在只需注意这两点：一方面，我们并没有提出这样一种要求，即描摹出"阿那克西曼德哲学的基本路线"，而且我们也不是由于下述原因而没有这样做，"一种哲学的基本路线"或许能够在19世纪和20世纪的一位哲学教授那里得到确定，但对于开端的思想家而言这就纯粹是胡闹了；另一方面，我们也要平心静气地想到，要达成"对源初文本的清晰理解"亦即作为"哲学"之描摹的"出发点"，除了通过对言辞所道说的东西的清晰理解之外，没有其他途径了。

然而，凭借着这两点评论，我们却提出了这样一种要求，即要比那种无思想的"科学的语文学""更加地语文学化"。在这里，"更加地语文学化"（philologischer）意味着，更加知晓每一种历史

---

① K. 戴西格拉博：《米利都的阿那克西曼德》，载于《赫尔墨斯》，第75卷，1940年，第10—19页。——原注

第20节 语文学传统和哲学翻译的彼此对立的意图

学的解释的内在的本质条件,即每一种历史学的解释若没有一种决定性的与历史的基本关系就什么也不是,并且,若没有这种关系,一切语文学的精确性就始终是纯粹的戏耍而已。

我们的翻译或许已经把这一箴言的那不可穷尽的陌异性的一道微光提升到了言语之中。这种翻译根本没有要把此箴言弄得离我们"更近些"的意图,倘若弄得"更近些"意味着只是把此箴言混入到一切事物之惯常的可理解性的地带中的话。相反,这种翻译应把此箴言从我们身边移开并将其推入到陌异性的东西和令人感到陌异的东西中并让其持立在那里;因为我们此后所尝试进行的解释绝不是在致力于,让这个箴言变得可为我们所通达亦即以我们的尺度来对它进行适度裁剪,毋宁说,我们应把我们自身经验为被此箴言所排除掉的东西,经验为被疏远化的东西,被那种东西(此箴言所道说的东西以及作为这种道说而存在着的东西)所最终疏远化的东西。

但"疏远"(ent-fernt)却并不意味着:没有任何关联。[①] 相反,有这样一种远(Ferne),它比一切毫无敬畏之心的强求逼缠(一切历史学都是通过这一特征而得到刻画的)都要更近些,更不要说所谓的那种切近于当前的历史编纂学了。

我们首先要做的是,在任何地方都要防止对这种开端性东西的迎合讨好,并且要唤醒这样一种洞见:恰恰后来的宏知博学和此后的"进步"愈发轻视小看开端性的东西并且在这种"小化"中感到安然自得,但也正因此,面对着一切开端性东西之形态的那种秘密的丰饶性,它们本身始终是渺小的。

---

[①] 作者此前关于"Ent-fernung"[疏远/去远]与"切近"之关系的讨论,可参见《存在与时间》第23节。——译注

时代，那些在历史中只看到过去的东西并把这种过去的东西永远只是如此加以贬低（过去的东西自然也只是为眼下当前所达到的东西准备好了其尚不充分的早先形态）的时代，还没有成熟到也就是说从未成熟到能对历史之本质加以把握；它们始终陷落在历史学中了，因而始终只是操劳于"历史图景"的变化并把这种这种操劳视为"政治上的""业绩"。这些业绩是在背负着先前发生的，但同时被狠狠地贬损的研究工作的情况下作出的，这一点还提升了他们的英雄气概呢。①

## 第21节 尼采和蒂尔斯对箴言的翻译决定了今天通行的解释

仅仅是为了让箴言之翻译——这种翻译也始终是一种尝试——中那令人感到陌异的东西变得更加清晰，也就是说，为了使之变得更加牢固，我们有必要引用两种其他的翻译。它们应使一种对比得以可能，并因而为那些人——那些未掌握希腊语特别是没有掌握开端性思想之特性的人——提供一个小小的机会，以便其自行思索一番。然而，在这一意图中，要分享出来的并不是什么随随便便的翻译，而是这样两种翻译，它们虽然包含着各自不同的见证力，但仍然在本质上是一致的；这个事实同样具有一种特殊的重要性。

要引用的两种翻译中的第一种来自尼采，更确切地说，来自他在1873年春天完成的一篇论文的笔记，其标题为《希腊悲剧时代

---

① 整句话系讥讽之语。——译注

### 第 21 节　尼采和蒂尔斯对箴言的翻译决定了今天通行的解释

中的哲学》。在 1869/70 年冬季学期，尼采就已经在巴塞尔讲授了"一个讲座课"，其主题是"前柏拉图哲学家以及对辑选残篇的解释"。尼采本人从未发表这篇于 1873 年完成的笔记。只是在 30 年后，亦即在尼采去世的三年后，它才得以发表。① 尼采的翻译如下：

"万物从何处拥有其生成，它们也必须向之而毁灭，这依照的是必然性；因为，按照时间的规整秩序，它们必须受到处罚并为了它们的非正义而遭到审判。"②

尼采的这篇论文于 1903 年首次为世人所知，在同一年，赫尔曼·蒂尔斯编辑出版了《前苏格拉底思想家残篇》，这是首次按照现代古典语文学的方法加工完成的文献汇编。（这个此后得到扩充的文献汇编包含了前柏拉图思想的诸多决定性的残篇文本。）

蒂尔斯是按下述方式翻译阿那克西曼德箴言的：

"但万物从何处而来拥有其生成，它们的消灭也按照必然性向之而去；因为它们依照确定的时间为它们的恶行而彼此受到惩罚和处罚。"③④

---

① 尼采:《遗著作品:来自 1872/73—1875/76 年》;《尼采全集》第 2 部分,第 10 卷,第 3 册,莱比锡,1903 年,第 26 页。——原注
② 这段译文的原文是:"Woher die Dinge ihre Entstehung haben, dahin müssen sie auch zu Grunde gehen, nach der Notwendigkeit; denn sie müssen Buße zahlen und für ihre Ungerechtigkeit gerichtet werden, gemäß der Ordnung der Zeit"。——译注
③ H. 蒂尔斯:《前苏格拉底思想家残篇》,1903 年,第 81 页。——原注
④ 这段译文的原文是:"Woaus aber die Dinge das Entstehen haben, dahin geht auch

对于今天通行的种种解释而言，这两种翻译始终是决定性的。这里要简短说说它们的特性，因为由此才可以最好地辨识出，那自称科学的解释是如何在其迈出第一步之前就已经遗忘了每一种批判，并且是如何把无思想性弄成其原则的。

就箴言的"第一部分"来看，所论及的乃是万物亦即世界亦即宇宙的生成和消灭。这样一种观照，按照今天已习以为常的思维方式，乃是一种在更广泛意义上的"物理学的"观照。（我们也曾在此前的一个场合下看到①，今天的物理学是如何力求把自由证明为"自然科学性的东西"亦即证明为物理学事实的。）

在阿那克西曼德箴言的第二部分中谈到了"惩罚"、"处罚"、"恶行"以及"非正义"，因此，按照今天的表象方式，这也就是谈到了"法学的"、"伦理学的"、"道德的"以及"非道德的"事情。照此，对于今天的健全人类知性而言，这一点也就是清楚明白的了：在这个箴言中，"一种物理学的世界法则"以"伦理学和法学的观念"而被道出了。并且由于整个箴言显然想要从一种终极原因而来解释现实，而且人们也可以把这样一种表象活动理解为一种"宗教的"表象活动并把该箴言与之相应的断言命名为"神学的"断言，因此在这个箴言中也就不缺少宗教的和神学的因素了。我们因而在1940年的那篇讨论阿那克西曼德的论文②的结尾处读到了下面的话："从一种伟大的宗教的、伦理学的、理性的以及物理学的思想

---

ihr Vergehen nach der Notwendigkeit; denn sie zahlen einander Strafe und Buße für ihre Ruchlosigkeit nach der festgesetzten Zeit"。——译注

① 参见本书第10节。——译注
② 指戴西格拉博的论文。参见本书（中译本边码）第95页的注释。——译注

### 第21节　尼采和蒂尔斯对箴言的翻译决定了今天通行的解释

的统一体中出现了第一个伟大的哲学思想构造，此即米利都人阿那克西曼德的成就。"

我们不想把时间浪费在对这种"伟大的"胡扯的反驳上面。通过我们对下述两层因素的思考，这种"胡扯"只会由此变得明显，而不值得一种特别的反驳：一方面，那时并不曾有什么物理学也因而没有什么物理学的思想，那时没有什么伦理学也因而没有什么伦理学的思想，那时没有什么理性主义也因而没有什么理性的思想，那时没有什么法学也因而没有什么法学的思想。事实上这个箴言也绝没有包含一种"哲学"也因而并不含有什么"哲学思想构造"；但另一方面，这个箴言却是从一种开端性思想之唯一性的源始统一性中道出的。这种统一性既不包含后来的种种区别，也不是后来种种区别的那没有展现出来的预先形式，而是一种特别的东西。

我们不想把这些研究成果算在这篇论文的作者的头上，不如说，这仅仅指示出，人们是多么不假思索地从物理学、伦理学、法学以及神学的观念而来向前无拘无束地做着解释，却从未问问自己，指向这些观念的那种向度在此究竟有没有意义，遑论是否合理了。相反，当有人尝试着借助于对一个思想家的问题提法的深思而来阐明其思想的时候，并且当那些概念——它们对一个语文学家的正常头脑而言始终是不可通达的——在此变得必要的时候，人们就会为哲学上的杜撰和任意而深感震惊。但为了在这里阻止最粗糙的误解，需要指明的是：哲学不可自以为比语文学更好，也不应说，语文学"不值分文"，不如说，语文学应通过这些指示被带到沉思中去：

一种具有阿那克西曼德之言语特性的箴言，首先要求我们要撇开我们在认识和世界解释上习以为常的东西。但凭借着对这一做法——把物理学的、伦理学的、法学的、神学的以及"哲学的观念"照搬进来——的放弃，我们还仅仅是达成了一种消极的东西而已。首要且首先要做的是另一事情：对这里所述及的那种东西的单纯倾听。对于所有阐释者特别是对那些把阐释当作"业务"来驱动的阐释者而言，那最大的并且从若干方面来看也不可根除的灾患或许就在于，他们从一开始就不让自己对那种东西（他们在此所阐释的东西）说些什么，而是摆出一副更聪明人士的样子。但现在，着眼于西方思想之开端，这种危险就特别巨大了。因为19世纪或20世纪的一个在多方面受过教育的人是多么容易形成这样一种想法啊，即认为与思想的先进知识相比，思想的那些开端恰恰必然已成为初始的了，或者用人们的另一种说法，必然已经成为"原始的"了。当这些后来人同时也说，这种初始的思想展示出"显著的""成就"，这种说法却并非对他们那种特别的傲慢自负的反对。恰恰在对古代思想予以如此称赞的时候，后来人的那种十足的傲慢自负才完全表达出来。但对于大多数人而言，要从这种被表示出的和首先未被表示出的傲慢自负的影响范围中摆脱出来，难度很大，甚至是不可能的。唯当我们首先致力于对那种东西（在所要阐释的话中或许已被道出的那种东西）予以些许沉思，我们才能偶尔成功地做到上述摆脱。因为一切都取决于这种沉思，所以先前展开的对存在的思考以及对存在者与存在之区分的思考，在任何时候都要比对语文学研究结果的认识更加本质性。

然而，就连这种沉思也不可以诱使我们有这样的想象：仿佛我们现在拥有了一把钥匙，它能打开这个箴言之真理的封闭大门，只要我们恰当地把它插进锁中转动。

# 要点重述　对西方思想之开端的回忆着的回行进入——对阿那克西曼德箴言的一种倾听

对开端的忆入首先听到了阿那克西曼德箴言。这里尝试作出的翻译包含了一种对此箴言的阐释，这种阐释纯粹来源于对存在的沉思，它因而也只有在与这种沉思的争辩中亦即在对这种沉思的共同实行中才能被本己居有并使其"真理"得到检验。

为了形成对照，我们引用了尼采的翻译和《前苏格拉底思想家残篇》中的翻译，后者最初是由赫尔曼·蒂尔斯编辑出版的。阿那克西曼德说：

ἐξ ὧν δὲ ἡ γένεσίς ἐστι τοῖς οὖσι, καὶ τὴν φθορὰν εἰς ταῦτα γίνεσδαι κατὰ τὸ χρεών· διδόναι γὰρ αὐτὰ δίκην καὶ τίσιν ἀλλήλοις τῆς ἀδικίας κατὰ τὴν τοῦ χρόνου τάξιν.

我们把它译为：

"但对于每每片刻性的当前显现者而言的出现所出自的那种东西，退隐也出现着归入其中（作为向同一者的归入），这乃是应合于迫切着的必要；因为每个当前显现者本身（从自身而来）都给予了适置，并且也让彼此尊重（承认），（所有这些）都来自对非适置的转化，而这乃是应合了时间所给予的那种对时间性东西的指派。"

存在乃是超近者（Übernahe）。每一种这样的说法，说存在是近的并且是最近的，都已经把存在给疏远了，因为就连最切近的近也已经本质性地包含了距离。存在从不远离我们，因为它就是我们被置入其中的那种东西。

因为存在以这种方式而是超近者，所以始终短暂易灭的人就很少能够做到这一点：对那彻底定调其本质的东西——亦即存在，亦即那开端性的支配——有真正的和素朴的知晓。一切存在者和每一种与存在者的关联都被转让（übereignet）给存在了。在思想的第一开端中，存在是作为 τὸ χρεών 即"迫切的必要"（die nötigende Not）而得到认识的，这同时意味着，它先于一切认知就已经被预感为这种必要性（Notwendigkeit）了。与存在的这种本质（作为迫切的必要而盛行威临）相应合的是我们开篇处所提及的那一箴言"μελέτα τὸ πᾶν"的要求："要关切存在者整体"（Nimm in die Sorge das Seiende im Ganzen）。只有这种纯粹的必要性——它同时是向自由的释放——才能要求那种东西，即"关切"（die Sorge）所意谓的东西："Nimm in die Sorge ..."［要关切……］。我们现在说并且着眼于未来而说：要内立于存在中！内在于存在中！（Sei inständig im Sein! Innestehen im Sein!）①

---

① "inständig"的语用意为"迫切的"，字面意为"内立于"。作者对此词的使用有双关考虑。译文只能择其主要因素译出。——译注

## 第 22 节　沉思阿那克西曼德箴言中的开端性的存在之道说

### a）对两句话之关系的猜测

阿那克西曼德箴言说了什么？为了在此能够事先正确地倾听，我们必须注意到，这个箴言是由两句话构成的。这个分割口是由"διδόναι γὰρ αὐτὰ"（因为每个当前显现者／本身／都给予了……）显示出来的。但还没有立即得到决定的是，我们应如何思考这两句话之间的关系。只有这一点是清晰的，即第二句话并非是对第一句话所说内容的简单重复。

这两句话说的并不是同一者，但或许，它们是就同一者而言说的。这两句话之间存在着一种区分，这一点被第二句话的开头处揭示出来了。第二句话是用一个"γὰρ"（因为）开始的。因此人们可能会猜想，第二句话为第一句话提供了后至的论证（Begründung）①。但一切也可能是完全相反的。或许第一句话为第二句话给出了"根据"（Grund），第二句话所说的因而就是在第一句话中说出的那种东西的一个后果。但当我们在这里径直说起"Begründung"［论证／建基］时，或许我们就必须在此要尽可能地小心谨慎；因为"Begründung"在此所可能意谓的东西，必须从那种东西——它乃是根据之本质，是箴言中所道说的东西——中得到规定。但我们或

---

① 论证（Begründung），亦可译为"建基"，其字面意为"提供根据"。——译注

许必须要根本地放弃我们所熟悉的思维方式。我们必须冒着危险即暂时黏附于表面的危险而首次尝试着去透彻思考这两句话的含义内容。

### b）对存在的道说发生在应合中：第一句话把存在思为 τὸ χρεών，后者应合于作为三重支配的开端

在第一句话中说到了 γένεσις 和 φθορά；我们通常用"Entstehen"［生成］和"Vergehen"［消灭］（尼采用的是"Zugrundegehen"［毁灭］）来翻译这两个语词。"生成"和"消灭"是表示万物变化之运转的名称。我们认为，万物之"运动"恰恰在"生成和消灭"中得到了描画，"生成和消灭"本身就是清晰的"进程"，因为它们乃是最广为人知的"发生事件"（Vorkommnisse）。有谁会不晓得"生成和消灭"呢？有谁会不知道，"生成和消灭"处处都在发生，任何时候都在发生？但可能始终还是谜一般的并且从不同方面看还始终未被研究出结果的问题却是，个别事物是以何种方式生成的并且它们每每都是由于何种原因而毁灭的；然而生成和消灭本身却的确又是一个事实，是我们（如同人们今天所说的那样）任何时候都在"体验"的事实，并且是我们在现实事物的极为多样的领域中所体验到的事实。

尽管如此，但究竟何谓"生成"和"消灭"？首先，何谓 γένεσις 和 φθορά？被人们如此这般径直称作"生成和消灭"的东西，首先应如何希腊式地得到思考？

我们的翻译应该可以给出一种指示。γένεσις：出现（Hervorgang）；φθορά：退隐（Entgängnis）。后一个词说得更清楚

## 第 22 节　沉思阿那克西曼德箴言中的开端性的存在之道说

些,即,事所攸关的乃是"退隐"(Entgehen),亦即有别于"出现"(Hervor-gehen)的"离去"(Weggehen)。这个"weg"[离开]和这个"hervor"[出来]要求对下述事情作出更确切的说明,即退隐和出现是"从何处""离去"以及"向何处""出来"而是其所是的。倘若我们希腊式地思考亦即开端性地思考,则我们就必然在出现和退隐那里一并思考了这种"向何处出来"(wohin hervor)和"从何处离去"(von wo hinweg)。

这个箴言并非只是不确定地谈到了 γένεσις 和 φθορά, 不如说,二者都被把握为这样一种东西了,即为"ἔστιν τοῖς οὖσι"亦即每每片刻性的当前显现者所特有的那种东西。τὰ ὄντα,它不仅仅意味着"万物",而且也意指每一个存在者。然而,当我们不用"存在者"(dem Seienden)来翻译"τοῖς οὖσι",而是用"每每片刻性的当前显现者"(dem jeweilig Anwesenden)来翻译它的时候,我们这样做是想以此来命名这样一种东西,对于一切希腊的(尤其是开端性的)思想而言,正是通过这种东西,被我们如此这般称作"存在者"的那种东西才得到标示。希腊式地思来,存在者乃是当前显现者(das Anwesende)[①]。出现者(Hervorgehende)正是出现到这种当前显现状态(Anwesenheit)中,并且退隐者(Entgehende)正是从这种当前显现状态中退隐[②]。

---

① 在译者看来,海德格尔语境中的"Anwesen"不宜按通常译名译为"在场",而建议译为"当前显现"。在全集第 10 卷《根据律》中译本的一条注释中,译者已为此提供了详细论证。(参见海德格尔:《根据律》,张柯译,北京:商务印书馆,2016 年,第 132—133 页,注释 3)。作者在本书中的相关阐释也可以支撑译者的这一译法,详见后文,尤其参见本书第 23 节。——译注

② 作者在其思想语境中明确区分了"当前显现"(Anwesung/Anwesen)和"当前显现

（我们现在知道，我们多种多样地和持续地命名着存在者，但当我们被径直问道，究竟何谓存在者之"存在"？我们就茫然无措了。或者说，人们也提出了至为多样的"解释"，但这只不过再度证明了，对我们而言，存在及其本质是多么全然地漂浮到无本质之物中去了。这个嗜欲于事实的近现代曾经恰当地抓住"存在之漂浮"的这一事实了吗，它想要抓住这一事实吗，甚至它能够想要抓住这一事实吗？在开端处，希腊人思得却不一样，因为他们思得更坚决也更单纯。）

希腊语表示存在者的那个词语是在复数中被使用的，由此，一种双重的东西就得到了命名：存在者整体和每每片刻性地归属于这种整体的个别的存在者（das jeweilig in dieses Ganze gehörige vereinzelte Seiende）。但箴言所说的并不是存在者，而是，"出现"为存在者所特有，并且退隐是对存在者而出现的（und daß ihm die Entgängnis hervorgehe）。因此，箴言所说的就是那种东西，它为存在者所特有，此即存在者之存在。

然而，出现和退隐却是表示变化和变迁的名称，因而也就是表示"生成"（Werden）的名称；于是这个箴言恰恰显示出，希腊人很早以来就已经把"存在"理解为"生成"了。希腊人果真已经把"存在"理解为"生成"了吗？人们在这种想法中发现了一切深奥意义的丰富性。但这种想法或许仅仅是一种无思状态而已，人们逃避到这种无思状态中，为的是既不对"存在"作出深思也不对"生成"予

---

状态"（Anwesenheit），认为前者是本真的存在，而后者则是持存化之僵持意义上的非本真的存在（正是在此意义上后者也可以被译为"在场状态"）。详细阐释可参见本书第23节。——译注

### 第22节 沉思阿那克西曼德箴言中的开端性的存在之道说

以深思。并且我们首先要看到：希腊人是远离这种所谓的深奥意义的，尽管尼采有他自己的看法。但借助于存在与生成的这样一种空洞的对立，尼采却使得他自己不可能达成对希腊思想的一种理解。与之相反，存在和生成这些概念在尼采的形而上学中却拥有一种得到妥善界定的和本质性的含义。但无论是尼采的"生成"与"存在"的概念还是黑格尔的"生成"与"存在"的概念都不可以与那个被开端性地思考的 γένεσις 混在一起。

γένεσις 在箴言中被提及了，并且是这样被提及的：它为每每片刻性的当前显现者所特有。但这只是被顺带说起的，而不是在真正的强调中被言说的。因为箴言是以 "ἐξ ὧν δὲ ἡ γένεσίς ἐστι τοῖς οὖσι" 即 "但对于每每片刻性的当前显现者整体而言的出现所出自的那种东西"（von woheraus aber der Hervorgang ist dem jeweilig Anwesenden im Ganzen）这句话开始的。这里所说的并不是存在者，也不是存在者之存在，而是那种东西，即出现（Hervorgang）所出自的那种东西。但箴言也不想在那种意义——比如在万物之造成所出自的那种原初基质的意义——上来谈论这种东西，仿佛这里所要澄清的是存在者之"本源"似的。倒不如说，箴言已经言说了存在之"本源"。但箴言是如何言说这一点的呢？第一句话的"重点"在于何处呢？

一切都汇聚于对下述事情的道说上，此即：对每每片刻性的当前显现者而言的"出现"所出自的那种东西，和"退隐" γίνεσθαι 亦即出现着归入其中的那种东西，乃是同一者。一旦我们辨识出箴言所要说的事情："出现"所由之而来本现的那种东西，恰恰就是这种东西，即"退隐"本现着归入其中的东西，则下述做法也就没有什么困难了,即我们要有别于迄今为止的文本理解而最终把 ταῦτα[这种东西 / 这个]读作 ταὐτά[同一者]。只有这样,文本才应合了箴言在此想要道说的东西。

ταῦτα,在 ταὐτά(同一者)意义上的"这种东西",命名了那种东西,即一切开端性的思想向之致思的那种东西,亦即出现之出来和退隐之归入的同一性。但所有这些难道不始终是不确定的吗?这种同一者究竟是什么呢?

箴言给了我们清晰的回答:κατὰ τὸ χρεών,来自同一者的出现和归入同一者的退隐应合于那迫切的必要(der nötigenden Not)。一切出现和每一种退隐——倘若它们是从同一者出来并归入同一者的话——都应合着这种迫切的必要。ταὐτά,同一者,乃是 τὸ χρεών,亦即迫切的必要。何种必要(Not),我们会问道,在这里起支配作用的是何种强迫(Nötigung)? τὸ χρεών 显然并不意味着任意某种必要,也不意味着在存在者的一种特殊效用领域中的强迫。τὸ χρεών 完全是从对存在者整体之存在的认知而来被道说的,是在对那种东西——存在者之存在就来自这种东西并归入这种东西——的认知中被道说的。我们因而也绝不能通过引用任意某种必要性(Notwendigkeit)来对 τὸ χρεών 亦即"迫切的必要"进行阐明。比方说我们不能这样做:在这个问题上想起一种效用规则(例如因果律)的无例外性,或者,认定这里所说的必要性乃是"命运"(Schicksal)的必要性,仿佛最细微的东西都可以由此得到阐明似的。即便我们可以想起在这里根本不被允许的那种东西,"命运"这个词也只是另一种谜语而已,而且它常常只是真实的并且很快又不真的承认,即我们在我们的认知中处于边界地带。

为了对 τὸ χρεών 所意谓的东西作出规定，我们必须坚持于阿那克西曼德的箴言；但也只有从对箴言的一种统一的领会而来，我们才能思入箴言所指示的那一向度中去。

## 第 23 节　案语：借助阿那克西曼德的另一句话而达成对 τὸ χρεών 的洞见

### a）支配（ἀρχή）的三重统一性

尽管如此，我们现在还是要暂时地中断对箴言的阐释，去把持住另一句更为简短的话，这句话依然是从阿那克西曼德思想中传送给我们的：

(ἡ) ἀρχή τῶν ὄντων τὸ ἄπειρον.[①]

"对每每片刻性的当前显现者而言的支配乃是对限定的阻止。"[②]

（说得更清晰些就是：支配乃是限定之阻止[③]；但这种支配乃是作为片刻的去蔽状态之去蔽活动的本现[④]。

---

① 这句话通常被译为："万物之本原是无限定／阿派朗"。——译注
② 这句话的原文是："Die Verfügung für das jeweilig Anwesende ist die Verwehrung der Grenzen"。——译注
③ 本书译文中的"限定之阻止"乃是指"对限定的阻止"。——译注
④ 这句话的原文是："die Verfügung als Verwehrung der Grenze; dieses Verfügen aber als Wesung der Entbergung der Entborgenheit als der Weile"。这里的"片刻"（Weile）是海德格尔对"时间"（Zeit）的另一种称谓（参见本书后文以及全集第 10 卷《根据律》）。后一句话因而可以解读为：时间乃存在之真理，去蔽状态之去蔽活动即时间，这种支配

存在的开端性抗拒着持存化。

但这种开端性恰恰从被开端的东西那里自行回隐了)。

在这里,希腊词语 ἀρχή 还不是在后来的 principium[原理]和"Prinzip"[原则]之意义上被使用的。但这个词语本身却是古老的,并且对于希腊人而言具有多重含义,我们马上就会指出这一点。① ἀρχή 乃是某物由之得以出发的那种东西。倘若我们仅仅这样来思 ἀρχή,则这个词语就意味着开始(Beginn),意味着一种进程和一种序列之开始的位置。这样的话,开始的特性就在于,它在进程之推进中恰恰被遗弃了。开始之为开始,就是为了立即被放弃并被略过。开始始终是被远远地越过的东西,是在前行之匆忙中被丢在后面的东西。倘若我们以这样一种方式、在"开始"之含义中来思 ἀρχή,则我们就首先放弃了本质性的内涵。

ἀρχή 虽然是某物由之发端的东西,但这种东西,某物从中出现的这种东西,恰恰在出现者和其出现中保持着对进程的规定(Bestimmung)和对出现向之而是其本身的那种东西的调谐规定(Be-stimmung)。ἀρχή 乃是对出现活动之方式与领域的开路(Bahnung)。这种开路先行运作着,又始终作为开端性的东西留在后面,并且坚持着自身。ἀρχή 不是在进展中被丢在后面的开始。ἀρχή 释放了出现和出现者,但却是这样一种情形,即被释放者只是

---

即时间的本现,亦即作为时间的去蔽状态之去蔽活动的本现。——译注

① 参见我那篇讨论亚里士多德《物理学》B,1 的论文。[马丁·海德格尔:《论自然的本质和概念》,载于《路标》,全集第 9 卷,法兰克福,1976 年,第 247 页以下。]——原注

现在才被扣留到作为支配的 ἀρχή 中去了。ἀρχή 乃是支配着的发端（Ausgang）①。在此已经可以获悉的是，出现从中（ἐξ ὧν）出现的那种东西，与退隐向之归入的那种东西，始终是同一者。

但并非仅此而已，ἀρχή 也支配（verfügt）着那种东西，即在出现和退隐之间的东西。然而这却意味着：ἀρχή 所适置（fügt）的恰恰是那种之间（Zwischen），它不再只是出现，但也不只是退隐，而是过渡（Übergang）。过渡乃是本真的出现，仿若其顶点。ἀρχή 贯彻支配着过渡。ἀρχή 本身乃是向各处去行支配之功的发端（Ausgang），这种发端把一切都纳入到其支配中，并通过这种纳入（Einbezug）事先规定了领域（Bereich），而且根本地开启了诸如领域（Be-reich）② 这样的东西。因为发端（Ausgang）和贯彻支配（Durchwalten）③ 在本质上是共同归属于 ἀρχή 的，这里面就已经有一个第三者，它绝不是作为后果而得到规定的，而是被规定为同样源始的本质性的要素：ἀρχή 的领域特征（der Be-reich-charakter），可通彻测量的东西和被通彻测量的东西；我们在此就"测量"所想到的并非计数式的界定，而是想到了适置之呈递的那种开启着的领域性的东西（das öffnende Be-reich-hafte des Hin-reichens der Fügung）。发端的那种处处都先行支配着的东西在自身中就包含了领域性的东西。支配（Verfügung）或许是最适宜用来表示 ἀρχή 的词语，倘若我们按下

---

① 发端（Ausgang），在字面上有"出发，出离，外出"之意，此意关乎"出现"（Hervorgang）。作者对此词的选用有双关考虑。——译注

② 作者的这种拆字法（Be-reich）意在指出，"领域"（Bereich）是由"伸展/呈递"（reichen）这样的"关联活动"（Beziehen）造成的。汉译无法在字面上译出这层寓意。相关文本可参见《时间与存在》（收录于全集第 14 卷《面向思的事情》）。——译注

③ "贯彻支配"（Durchwalten），在某些情况下也可以简洁地译为"盛行"。——译注

述三重含义来理解"支配"的话：

1. 出现与退隐的先行支配着的发端。
2. 对出现向退隐之过渡的贯彻支配着的规定。
3. 使那种领域——发端性的贯彻支配所开启的领域——保持敞开。

被完整理解的 ἀρχή 因而就包含了发端（*Ausgang*）、贯彻支配（*Durchwaltung*）以及领域（*Bereich*）这三重的统一。

这些指示只想暗示出，我们要尽可能充实地思考 ἀρχή；这些指示想要避免那种任意，即把 ἀρχή 与一种后来的哲学上的"原则"概念等同起来。在开端性的东西中盛行着的，并非某种被一知半解地理解的关联的欠缺，而是未被发掘的关联之丰富。尽管如此，我们也不可以又认为，一切都必然因此流散为不确定之物了；因为这里到处都只存在着一种唯一的东西，即在沉思和发问中的那独一无二的东西。

### b）支配（ἀρχή）乃是阻止（ἄπειρον）

但 ἀρχή 具有何种特性呢，阿那克西曼德的这句话说道：τὸ ἄπειρον。人们把它翻译为——这已然意味着，人们把它"解释"为——"无限定者"，"无限者"。这种翻译是正确的。然而，它却无所道说。现在我们复又应在那种东西——这里唯独就之而言说的那种东西，即支配对于当前显现者（只要当前显现者当前显现并且当其当前显现之际）而言所是的那种东西——的领域中去思考了。

τὸ ἄπειρον，那阻止一切限定的东西，仅仅关乎当前显现者之当前显现（Anwesung），并且它是作为 ἀρχή——现在，这也就是说，它是作为在发端、贯彻支配以及领域敞开之三重方式中的 ἀρχή——而关乎当前显现者之当前显现的。ἀρχή 关乎存在，更确切地说，它是以下述方式而本质性地关乎存在的：ἀρχή 之为 ἀρχή 恰恰构成了存在本身。

但阿那克西曼德说的却是 ἀρχή τῶν ὄντων，即当前显现者的 ἀρχή。的确如此。但我们从首先被举出的那个箴言①中却看出，箴言虽然说的是当前显现者，但却是在对那种东西——当前显现从它而来本现并且本现着返归于它——进行追问。ἀρχή 关乎存在。因此之故，ἄπειρον 就不能被思为一种存在者。

但人们仍然在做着这样的解释，并且把 ἄπειρον 理解为在一种普遍的世界质料之意义上的无限之存在。按照这种理解，人们就可以想象一种本身还未区分的世界流质，这种流质不仅依照其特有性质还是无规定的，同时就其范围来看它也是没有界限的，因而应是无穷无尽的。——人们忘记了，我们思考的是一位思想家的箴言并且甚至是开端中的一位思想家的箴言，绝不是要对一个失败的"原始的"化学家的观点有所了解。人们没有考虑到，箴言所说的乃是对存在的支配。但人们首先耽搁的却是对下述事情的沉思：希腊的所有思想家都把存在者之存在经验为和理解为当前显现者之当前显现了。人们还没有看清这一事实，即唯有从这种存在之阐释而来，就连那种被我们称作"希腊艺术"的东西（无论其是语言艺术

---

① 参见本书第 20 节。——译注

还是雕塑艺术），也才能在其本质中得到预感；并且人们也还没有看清，如何会从这种阐释而来发生这样的事情。倘若对开端性的希腊思想的误解只是在个别哲学史学家那里出现的情形，那么毋庸多言的是，这种误解应被归诸其自身的错误。但这种误解却拥有本质性的、千百年来根深蒂固的、历史性的根据，正是这些根据使得下述事情对今人变得不可能了，即对开端性思想的那无与伦比的东西（das Einmalige）①加以把握，亦即这一事情：立即（如同在一种最初的跳跃中，但也只是一瞬间而已）在此对存在本身予以思考。

τò ἄπειρον 乃是存在之 ἀρχή。τò ἄπειρον 乃是界定之阻止，它关乎并且仅仅关乎存在，以希腊的方式，这意味着，它仅仅关乎当前显现。

但我们如何应如何更切近地认识这种本质事态？倘若它只是一种早已消失的理论的内容，则我们就必须把每一种希望都寄托在一种认知上面。但在这个箴言中，所说的事实上是存在本身，而存在，对我们而言，始终是超近者，它逾越了一切存在者的近。因此，在最陌异的东西中，必然还始终保存着一种对亲熟之物的暗示。

支配（Verfügung）把当前显现者适置（fügt）到发端、贯彻支配以及领域之中。②支配把那种东西——我们立即就将其称作存在者并且已经这样命名的那种东西——适置到存在中，正是在存在中，

---

① 此词兼有"唯一的/只发生一次的"、"无与伦比的"等含义，作者对此词的使用有双关考虑。——译注

② 作者在此暗示了"支配/使用"（Verfügung）与"适置"（fügen）在字面上和义理上的内在关联。所谓"支配"，乃是使被支配者适宜于/适用于支配者之安置/布置，亦即，使其适置。一言概之，"支配"之"适置"乃是"使……适置"。——译注

这种东西才是存在者并且唯有如此才是存在者。支配乃是存在本身，并且支配乃是 ἄπειρον，即限定之阻止。支配乃是阻止。

这听上去是陌异的并且首先几乎不可思之。但我们最终却必须不带前见地坚持在这种令人陌异的东西中。我们在箴言之道说方式中就已经遇见了这种令人陌异的东西。箴言的第一句话是就存在而给出的，它包含了一种道说，这种道说乃是一种拒绝：ἄ-πειρον。人们依照语法把这个 α- 命名为褫夺（privativum），这个"α"，表达的是一种"剥夺"，一种拿去，一种缺陷和缺失。但我们并不信任语法，我们要坚持于实事。

ἀρχή，支配，本身（倘若它是 ἄ-πειρον 的话）乃是被 α 所标示的。但支配显然不能是有缺陷的，事实上它绝不能是有缺陷的；这个 α，这个"没有"（ohne），可以在语法上被理解为"褫夺"之表达，但在实事上和本质上，这个"离去"和这个"不"的方式和可能性每每都应特别地加以规定。很有可能，这个"不"根本不具有"否定性东西"的特征。很有可能，我们很久以来太过消极地（negativ）理解了否定性的东西（das Negative）。思之审慎在这里如何必须是坚决的，还可以通过下述指示而得到强化：在西方思想的开端中，不仅表示存在的那个语词具有这种"褫夺"的特征，而且那个决定性的表示真理的语词也恰恰具有这种"褫夺"的特征：真理叫做 ἀ-λήθεια，我们足够笨拙地用"无蔽"（Un-verborgenheit）来翻译它，但却没有由此而为下述问题提供丁点儿线索，即我们究竟应在何种本质领域中思考这种如此得到命名的"真理"（Wahrheit）。

并且倘若我们更加开端性地思入开端，就会出现这样一个问题：在存在（作为 ἄ-πειρον）的褫夺性本质和真理（作为 ἀ-λήθεια）的褫夺性本质之间，难道不是有一种更加源始的关联吗？在这里难道不是显示出存在本身与真理的一种还未得到探问的本质统一性吗？

ἄπειρον 中的 α 拥有 ἀρχή 之特征，也就是说，拥有支配之特征，并且这样讲乃是着眼于存在而且仅仅是着眼于存在，亦即着眼于当前显现。这个 α 关乎限定、界定以及离界（Entgrenzung）[①]。但当前显现与限定有什么关系？在何种意义上，在当前显现中存在着一种与限定和界定的内在关联？

当前显现者事实上是在当前显现中被规定为当前显现者的。当前显现者通过当前显现状态而进入持存并因而是一种持续的东西。持续者的当前显现在自身中拥有与持存化的关联和牵引。如此看来，持存化显然只是在持续性中、在一种固定于自身之中的持存性的延续中才获得其本质的。这种延续着的持存性遂才是这样一种东西，正是它界定了当前显现的本质并且是如此这般地界定的，即这种在持存性中的固定乃是归属于当前显现的界定。当前显现是通过持存性的最终确定性才在本质上是最终确定的[②]（endgültig durch die Endgültigkeit der Beständigkeit）。[③]

然而，问题却始终在于，持存化和持存性是否以及如何应合了

---

[①] 动词"entgrenzen"意为"从界限中摆脱，从受限中释放"，这里勉强译为"离界"。——译注

[②] "endgültig"，日常语义为"最终的，最后的；确定的，已成定局的，不可更改的"，我们统合译为"最终确定的"。作者对此词的选用意在强调这种"最终确定"来自"终端/终局"（Ende）亦即"限定/界限"（Grenze）的作用。在此意义上，为了应合"当前显现之本质"，对其"非本质"亦即"持存性"予以克服与转化，就需要对这种意义上的"限定"加以阻止和抵制。——译注

[③] 作者在这段话的最后几句话中全都使用了虚拟语气，表示存疑。——译注

当前显现之本质。这个问题只有从那种东西而来才能得到回答，即作为当前显现之本质进行着支配并被命名为这样一种支配的那种东西：ἀρχή τῶν ὄντων τὸ ἄπειρον：对当前显现者而言的支配乃是那阻止着限定的东西。存在是当前显现，但并不必然是持存性之僵持意义上的持存化。然而，一切当前显现不就恰恰是在尽可能大的持存化中实现的吗？存在者愈是持续和延续，存在者就愈发存在着，难道不是这样吗？对存在者之为存在者的最大确保难道不就在于尽可能大的持续能力中吗？当然——亦即在那种确信（*Gewißheit*）意义上的"当然"（Gewiß），正是在这种确信中我们今人自以为知道存在者之存在。这种确信包含了一种关于存在者的真理，这种真理甚至可以追溯到希腊思想那里：持存性和持存化，亦即ἀεί，亦即持续，包含了对ὄν亦即当前显现者的最高标示。然而，这个开端性的箴言"ἀρχή τῶν ὄντων τὸ ἄπειρον"说的却是另一种东西。我们所要做的仅仅是，我们自适于这个箴言（daß wir dem Spruch uns fügen），倘若我们想要在其中获悉它的言语而非我们的意见的话。

## c) 在对于存在者之当前显现而言的 γένεσις [出现] 和 φθορά [退隐] 中，存在作为 ἀρχή 和 ἄπειρον 而威临盛行[①]

存在是当前显现，但并不必然是持存化，即进入持续着的

---

① 这个标题的原文是："Das Walten des Seins als ἀρχή und ἄπειρον in γένεσις und φθορά für die Anwesung des Seienden"。这里的"威临盛行"（Walten）也可以译为"支配"。——译注

持存性中的那种持存化。倘若持存性恰恰是当前显现的非本质（Unwesen），则持存性就剥夺了当前显现的本质性东西了吗？当然。因为 γένεσις，当前显现（Anwesung），并不意指单纯的当前显现状态（Anwesenheit），而是意指出现（Hervorgehen）和开显（Aufgehen）①。当前显现（An-wesung）是通过 γένεσις 亦即"出现"而得到标示的。②那种单纯在现成状态意义上的当前显现已经给当前显现亦即"出现"做了一种限定，因而已经背弃了当前显现。③持存化把非本质带入当前显现中，并且使当前显现失去了那种东西——这种东西归属于作为出现和开显的当前显现，它就是返回与退隐——的可能性。

出现并非是对其所由之而出的那种东西的离弃。或许只有出现者亦即存在者可能会被这样思考，仿佛它已经放弃了支配似的。但事实上这是不可能的，因为只有"出现"本身才能处于支配之中，处于那种本现着的支配之中，但出现者却绝不能处于支配之中。相反，出现恰恰把它所从出者特别地置入本现中，如此以至于向所从出者的退隐可以仅仅是对本现之本质的实现。

当前显现者只是在出现中当前显现的，而恰恰不是在当前显

---

① 作者语境中的"Aufgehen"兼有"升起"和"开显"这两种含义，汉译难以统一译出，只能择其重点译之。——译注

② 作者在这里的讲法以及随后给出的阐释都可以佐证译者此前就已提出的一个主张：海德格尔语境中的"Anwesen/Anwesung"不宜译为"在场"，而宜于译为"当前显现"。参见本书第 22 节中的译注。——译注

③ 这句话的意思是：把当前显现理解为持存化，理解为现成状态意义上的单纯持续，理解为持存性之僵持意义上的"当前显现状态"，都把当前显现给狭隘界定了，而事实上，当前显现不只是"出现"，也同时是"退隐"，更确切地说，它乃是"出现着的退隐"和"退隐着的出现"。它是生发性的，而非现成性的。——译注

现状态中,当前显现状态已经僵持为一种持存性了。下述事情归属于当前显现之本质:在当前显现中,当前显现的那种可能的非本质(僵持为持存性的东西)被阻止了。对当前显现的支配乃是对"限定"的阻止,而限定在此则意味着:把当前显现封闭为最终确定的当前显现状态,封闭为一种单纯的当前显现状态的持存性。照此而言,倘若当前显现被保持在其发端性的本质中(in ihrem ausgänglichen Wesen)①,则出现就必然是作为一种向同一者的退隐而出现的。γένεσις[出现]必然本身就是 φθορά,亦即"退隐"。事实上阿那克西曼德的确说的是:καὶ τὴν φθορὰν γίνεσδαι。退隐也出现着,并且它出现着入乎同一者。γένεσις 和 φθορά,出现和退隐,共属一体。它们之共属一体的统一性并非来自一种事后的拼接,也不是这样一种情形,即"退隐"跟随着"出现"。出现是作为退隐性的东西而本真地出现的,出现(Hervorgehen)本真地显现在这种出现(Hervorgang)中②,倘若它③乃是过渡的话。在过渡中,出现(Hervorgehen)将自身聚集到它④的本质之丰富中。当前显现者的每每片刻性的⑤当前显现处于作为出现和退隐之统一性之"出

---

① "发端性的"(ausgänglich),在字面上有"外出的,出发的"之意,此意关乎"出现"(Hervorgang)。——译注

② "Hervorgehen"侧重强调动作的动态性,而"Hervorgang"侧重强调动作的完成性。二者只有细微的语义差别。汉译难以通过译名加以区分,故仍统一译为"出现",只在必要时分别附带原文以做区分。——译注

③ 这个"它"(es),指的是阳性名词"出现"(Hervorgang)。这里的"es"系无人称代词替代第三人称代词的用法。——译注

④ 这个"它"指的是"出现"(Hervorgehen)。——译注

⑤ "jeweilig"的日常语用含义是"当时的;各自的",也就是说,此词本身就含有时间性的意味。在作者的语境中,这种时间性意味得到了强化:它被解读为"je-weilig"[每

现"的"过渡"中（Im Übergang als dem Hervorgang der Einheit des Hervorgehens und Entgehens besteht die jeweilige Anwesung des Anwesenden）。但过渡并不会投入到持存化之限定中去。过渡因而保持着在支配中的被支配者：τὸ ἄπειρον。

在当前显现中的限定之阻止因而表明自身乃是对存在者之本真存在的支配。ἀρχή τῶν ὄντων τὸ ἄπειρον。存在者并非由于它是一种持存者而是存在着的，不如说，存在者之所以是存在着的，乃是由于它是一种当前显现者而且是在这样一种当前显现中，这种当前显现并未跌落到单纯的当前显现状态中去。当前显现的持续性和延续并不是决定性的东西；持存者之持存也不在于单纯的延续和这种延续的"幅度"，毋宁说，即便存在"始终"可以被一种"持存"所标示，这种持存者之持存也具有其他的本质。

限定之阻止乃是指对那种僵持（僵持为单纯的持存性）的阻止，然而，倘若我们仅仅从中听出了防御性的东西（Abwehrhafte），这里所说的"阻止"（Verwehren）就还没有得到充分理解。阻止首先（亦即事先）是对当前显现的指示（Verweisung in die Anwesung）。只是由于限定之阻止（ἄπειρον）也是第一种含义中的ἀρχή：入乎本质的适置之发端（Ausgang der Fügung ins Wesen），阻止才事先拯救（亦即在保护之意义上"保持"）了当前显现之本质。但由于"退隐"和"持存化之阻止"始终一并归属于当前显现之本质，支配遂是对那种完全适置着的规定的遵守（das Innehalten der ganzen fügenden

---

每片刻性的）。作者以此来表达他的基本洞见：存在（当前显现）不是持存化，不是僵持为持存性的当前显现状态，而是逗留性的、片刻性的、过渡性的。参见本书（中译本边码）第121页。——译注

Bestimmung），这种规定就内含于当前显现之本质中[①]。阻止乃是对当前显现之本质的先行支配着的拯救（vorwaltende Rettung），而这却是以"拒绝限定"这样一种合乎本质的方式发生的。那么 ἀρχή 是以何种方式威临盛行的呢？

### d）作为 ἀρχή 和 ἄπειρον 的存在如何让存在者存在？

那保护着其本质的阻止，亦即 τὸ ἄπειρον，乃是发端（Ausgang）、贯彻支配（Durchwalten）、开启（Eröffnung）[②] 这三重意义上的支配。这种作为阻止的支配乃是存在本身。但存在与存在者的关系是怎样的呢？问题在于，我们是否已经可以在这里如此发问，这里，我指的是，首次"只有"存在应被道说的那个地方[③]。

我们只能确定这一点：支配不能被思为某种作用着的东西（Wirkendes）；存在应向何处"起作用"呢？或许对存在者起作用？但存在者事实上只是"在"支配"之中"并且甚至就是作为支配（als die Verfügung）才是其所是[④]。但就连支配也不能引致（bewirken）和促成（erwirken）存在者，因为一切作用着的东西都已经是存在者了，而支配乃是存在。那么存在是如何让存在者存在的呢？因为存在

---

① 这里的"规定"（Bestimmung）暗含着"使命/命运/天命"之意。作为当前显现的存在之本质中含有这种"规定/使命"，亦即"自行置送着的自行回隐"，如此引向了对"存在之天命"的沉思。相关讨论可参见海德格尔四十年代初期的"荷尔德林讲座"以及全集第10卷《根据律》。——译注

② 这种"开启"是指"领域之开启"，参见本书（中译本边码）第109页。——译注

③ 亦即在阿那克西曼德箴言中。在作者看来，在西方思想史上，正是阿那克西曼德箴言首次道说了"存在"。——译注

④ 这句话可以转释为：存在者只是在适置活动中并且甚至就是作为适置活动才是其所是。——译注

的确是以某种方式而是本现着的东西(das Wesende)，并且 ἀρχή 和 ἄπειρον 这两个名称所命名的恰恰就是这一点，所以在这里，就连那种观点(存在所表现的是存在者之最普遍和最无关紧要的性质，它仅限于此)也找不到什么位置了。但存在(它现在向我们自行澄清为 ἀρχή 和 ἄπειρον)是如何让存在者存在的呢？

阿那克西曼德说：出现和退隐出自某种东西并返归于同一东西。这个同一者并非仿佛只是以一种同等有效的把持接住了此二者，毋宁说，这种出现和退隐本身是应合于那迫切着的必要而出现的。它们应合着这种必要(Not)，因为这种必要乃是要求本身。这种必要本身乃是同一者。此同一者，即支配(ἀρχή)，此同一者，即 ἄπειρον，即 τὸ χρεών，即必要，即迫切着的必要。

但我们迄今在对 ἀρχή τῶν ὄντων 的沉思中是在哪里对必要(Not)有所获悉的？除了在那里——在那种被称作 ἀρχή 之丰富本质的东西中，亦即在 ἄπειρον 中——还能有别的什么地方吗？在阻止(倘若我们完全在所要道说的那种东西的丰富本质中来思考"阻止"的话)中存在着：本质之抵制(das Sicherwehren des Wesens)[①]，也就是说，对当前显现之本质的拯救。本质之拯救乃是对开端性东西的保护。但这种保护同时是对作为当前显现之非本质的持存性的阻止。这种本质性的拯救乃是对本质的加倍保护。

"Not"在这里并不意味着贫困和疏远，而是意指自行聚集到纯粹本质之密切性意义上的迫切必要(die Nötigung im Sinne des

---

[①] 请注意"阻止"(Verwehren)与"抵制"(Sicherwehren)在字面上的关联。所谓的"本质之抵制"意指，使当前显现之本质抵制持存化，抵制作为当前显现之非本质的"持存性"，如此即对当前显现之本质的拯救。——译注

Sichsammelns in die Innigkeit des reinen Wesens）。"Not" 在这里并不意指缺乏和需要，而是意指那种东西——它就其本质而言是唯一的并因而被指示为作为一种最特别之物的唯一性，并且仅仅被指示为这种最特别之物——的不可规避性。对持存为持存性的防止，就归属于如此而被理解的必要和必要性（Not und Notwendigkeit），因为这种持存性作为非本质威胁着本质。然而又由于这种威胁乃是一种本质性的东西，所以这种防止（Abwehr）也不是劣势方的自卫（Notwehr），而是优势方的自卫。τὸ χρεών，迫切着的必要，包含着对 ἀρχή 之本质的更加充实的规定。此即：支配，作为对于出现和退隐而言的开端、贯彻支配、开启，拥有这种迫切着的必要的基本特性。这种必要以 ἄπειρον 的方式本现为阻止，它阻止着每一种成为最终确定的持存化的界定。这种作为"支配"的"迫切着的必要"以阻止一切限定的方式而是那种同一者，一切出现都出自于它并且一切退隐都归返于之，而过渡也在这种同一者中本现，也就是说，那本真的当前显现，那没有陷于持存化的当前显现，也在这种同一者中本现。

对阿那克西曼德"ἀρχή τῶν ὄντων τὸ ἄπειρον"这句更为简短的话语的沉思，可以帮助我们更清晰地把握 τὸ χρεών 这个语词和概念，并因而可以帮助我们去命名那种东西，即在箴言第一部分中真正所要道说的东西。因为同一者，出现由之而出现并且退隐向之而归入的那种同一者，乃是迫切着的必要。τὸ χρεών 并不意指一种在某个地方、在 ἀρχή 旁边和外面悬挂着的必要性。这种同一者，这种在其必要性中的一者，这种在其统一性中的唯一者，这种在其唯一性中的开端者，乃是开端（Anfang）。作为对每每片刻性的当前显现者之当前显现的支配，开端乃是当前显现之本质，换言之，开端乃是存在本身。阿那克西曼德箴言道说了存在。箴言的第一句话把存在本身命名为同一者，每一个每每片刻性的当前显现者（jedes jeweilig Anwesende）都处在这种同一者的支配之中。

## 第 24 节  第二句话应合于存在之本质而把存在思为当前显现、片刻、时间

### a）存在乃非适置之转化

但与之相反，第二句话却特意只是就存在者而说的：διδόναι γὰρ αὐτὰ；这句话是由一个"γὰρ"即"因为"引导的。我们业已指出，箴言之含义不是立即就清楚明确的；现在，在对第一句话作出澄清之后，这两句话之间的关系就可以得到更清晰的透彻思考了。但即便在这里，我们也建议，首先透彻思考第二句话的主要特征，并且就此再度去把握那分量厚重的东西和有承载之功的东西。

第二句话就每每片刻性的当前显现者（dem jeweilig Anwesenden）说道：当前显现者本身（从自身而来）每每都给予了适置（Fug gebe），并且让彼此相互承认，但所有这一切都 τῆς ἀδικίας。希腊语的这个第二格说的是，那每每片刻性地当前显现着的东西（das jeweils Anwesende）——更确切地说，它作为它自身，换言之，它在其每每片刻性的当前显现中（in seiner jeweiligen Anwesung）——处于与 ἀδικία 亦即 "Un-Fug"［非适置］的关联中。我们应如何理解这一点呢？

非适置（Unfug）归属于每每片刻性的当前显现者。"非适置"的意思是：不适置于支配（das Sichnichtfügen in die Verfügung）①。然而，只要当前显现者当前显现着，它就处于支配中并满足着支配。当前显现者乃是那每每（jeweils）从其自身而来的存在者，ὄντα αὐτά。诚然——但恰恰在"存在者每每从其自身而来而是存在者"这一事情中存在着这一情形：这种存在（dieses Sein），亦即当前显现，在自身中坚持着入乎持存性的持存化。②就其自身而论，归属于当前显现之本质的也有这样一种"坚持"（Darauf-bestehen），即：当前显现得本现着，也就是说，当前显现者得在一种持存化中发现它的最终确定之物（Endgültiges）并在这种"终端"（Ende）亦即"限定"（Grenze）中得到完成。在当前显现者（ὄντα αὐτά）之当前显现中，存在着作为持存性之坚持的持存化（Beständigung als das Bestehen auf der Beständigkeit）③。在这句话中，我们现在必须不仅思考当前显现的持续和最终确定的延续，而且必须同时和首先思考那种"坚持"（Bestehen darauf）和那种最终确定的对"始终持续"

---

① 这句话也可以译为"不顺应于支配"。所谓"支配"（Verfügung），乃是通过"适置活动"（fügen）使得所支配者适应对它的安置。对于被支配者而言，它的本真活动就是自行适置于这种"支配"，亦即，适用于征用。因此，所谓"非适置"就意味着对这种"适置"的逆反。——译注

② 这句话的意思可以解释如下："每每"（jeweils）意味着"总是"，"存在者每每从其自身而来而是存在者"即"存在者总是从其自身而来而是存在者"，在这一素朴的"总是"中就存在着一种"持存化"。下文由此推出：持存化归属于存在（当前显现）之本质，而且事实上是其本质性的"非本质"。也正是在同一种意义上，"非适置"归属于当前显现之本质。——译注

③ "坚持"（Bestehen）与"持存性/持存化"（Beständigkeit/Beständigung）有字面上的密切关联。——译注

(ἀεί)的僵持。

但如此被理解的这种持存性却反对着存在的那种被发端性地支配的本质(gegen das ausgänglich verfügte Wesen des Seins)，反对着 ἀρχή，反对着 ἄπειρον 即"限定之阻止"。然而，那本质性地本现并且是反对着本质而本现的东西，乃是"非本质"(Unwesen)。那反对着支配(Verfügung)而把被支配者本身僵持到其持存性中的东西，乃是"非适置"(Unfug)①，亦即 ἀδικία②。非适置并不是从某个地方而来才摆在当前显现者面前的，毋宁说，非适置也存在于当前显现的本质之中，并且归属于存在之必要性。存在作为"限定之阻止"，本身就已经关系于那种入乎持存性的界定(die Begrenzung in die Beständigkeit)并因而关系于作为本现着的可能性(mögen[可能])的非适置。(非适置的这种"褫夺性的"特征因而同时作为反本质[Gegenwesen]而见证了存在之本质，而存在，在支配的开端性意义上，本身就具有"褫夺性的"特征：τὸ ἄπειρον。③)

但只要每每片刻性的当前显现者应合于当前显现之本质，它就不持存，并且不僵持为入乎持存性的持存化。当前显现乃是作为过渡的出现。这种类型的当前显现者④把"适置/合适"(Fug)⑤亦即

---

① "Unfug"，亦可径直译为"不合适"。它的日常语用意为"不法行为；胡作非为，胡闹"。至于为何将其译为'非适置/不合适'，请参见下面对"Fug"词义的解释。——译注

② 此词通常被译为"非正义"，蒂尔斯将其译为"恶行"。参见本书前文。——译注

③ 相关阐释可参见本书(中译本边码)第112页以下。——译注

④ "这种类型的当前显现者"即前文所谓的"应合于当前显现之本质的当前显现者"。——译注

⑤ "Fug"，按《杜登综合词典》的词源解释，它在中古高地德语中写作"vuoc"，意为"Schicklichkeit"[合适]，通"fügen"。这里根据语境译为"适置/合适"。——译注

δίκην 给予自身①。它使自身适置于支配。这所要说的是：当前显现乃是出现之转入退隐的过渡。但通过存在者本身如此这般地把"适置/合适"(Fug)给予存在②，存在者作为每每片刻性的存在者就具有了这样一种本质：存在者从自身而来也让每一个每每片刻性的存在者(jedes jeweilig Seiende)是每一个之所是。每个存在者，在适置于存在之际(Fug gebend dem Sein)，相互承认着每个存在者。因而一方也就让另一方获得与之适宜的尊重(καὶ τίσιν ἀλλήλοις)。唯通过这种在自身中共属一体的双重东西(διδόναι δίκην καὶ τίσιν ἀλλήλοις)，每每片刻性的当前显现者与非适置的那种全然的本质关联才得到了规定。给予适置(Fug geben)并且让相互承认——这本身乃是对非适置的"转化"(Verwindung)。我们不说"克服"(Überwindung)，因为"克服"可能意味着，非适置被清除掉了。但非适置作为非本质事实上属于当前显现之本质。持存性并不是在完全抹消的意义上被克服了，也就是说，不是在取消其本质可能性的意义上被克服了。相反：与非本质的那种本质性的牵系(Zug)本现着，而非本质则被转化了。当前显现者并不会从事于非本质，只要它是一种当前显现者。非适置之转化归属于每每片刻性的当前显现者本身的本质；因为当前显现者，作为这样一种每每片刻性的当前显现者，自行适置于过渡(fügt sich in den Übergang)。但这种

---

① 存在者"把适置/合适(Fug)给予自身"，实际意思即，做合适于存在者自身的事情，但存在者的本己事情不在于存在者而在于存在，故这种本己事情乃是"适置于存在"，故下文有"它使自身适置于支配"之语。——译注

② 存在者"把适置/合适(Fug)给予存在"，实际意思即，做合适于存在的事情，适应于存在之适置活动（支配），亦即，"适置于存在"。——译注

自行适置却是对那种要求的一种应合，这种要求存在于每一种过渡性之中。

过渡向来都是当前显现，在当前显现中，出现和退隐一齐本现着。过渡因而本身就包含着那种同一者，即出现（Hervorgehen）从中本现出来和退隐向之本现回去的那种同一者，甚至，过渡就是那种同一者的纯粹的出现（Hervorgang）。这种同一者即存在本身。

**b）存在与时间的内在关联**

在过渡中，亦即在这一事情——当前显现者转化了非适置并且不坚持于持存性——之中，当前显现者向来都自行适置于它的当前显现并且顺从于这种当前显现（und findet sich in diese）。以这样一种方式，它实行了每每被指派给存在者的何时（Wann）和多久（Wielange）。在对非适置的转化中，当前显现者应合了时间所给予的那种对时间性东西的指派。反过来说：这种对"时间"的应合不是别的，恰恰就是对非适置的转化。

"时间"（χρόνος）在这里意味着什么，并且，为何这个关于存在的箴言言说了时间？

近现代的那种习惯（它在亚里士多德形而上学的开始处就已经以某种方式被预先规定了）——习惯于把时间和"空间"统合思考——是误导性的。因为，依照这种思维方式，时间仅仅是着眼于其延展而被思考的，而这种延展则被思为对进展着的现在之点（Jetztpunkte）的计算。以近现代的方式思来，时间和空间都是一种参变量，都是一种尺度，可以照之加以测量和计算。时间和空间被本质性地关联于"计算"了。

但在希腊的意义上，χρόνος 意味着与 τόπος 亦即"位置"（每一个存在者都归属于之）相应合的东西。χρόνος 乃是有别于"Unzeit"①［不是时候/不合适之时间］的那每每有益的和被乐见其成地赐予的时间（die je günstige und gegönnte Zeit）。τάξις 绝不意味着把现在之点彼此相继地编排起来，而是意指那种指派特征（Zuweisungscharakter），这种指派特征就存在于时间本身之中，而时间本身乃是那每每合适的（schicklichen）、置送着的（schickenden）、赐予着的（gönnenden）并且适置着的（fügenden）时间。当我们说"时间是……"（Die Zeit ist ...），我们并没有理解"时间"；不如说，当我们说"是时间/是时候"（Es ist Zeit），我们才理解了"时间"，而这个"是时间/是时候"始终意味着：是时候了，这个发生，这个到来，这个离去。被我们如此这般称作时间的那种东西，本身具有这样一种特性，即它分派着并且指派着（an- und zuweist）。时间是这样一种分派（Anweisung），它把当前显现者分派到其每每片刻性的当前显现中。时间是对那每每被支配的片刻的展开（die Entbreitung der je verfügten Weile），与之相应，当前显现者总是一种每每片刻性的东西（ein je-weiliges）。每每片刻性的当前显现者本身（αὐτά）从自身而来转化了非适置，这样它就应合了片刻之指派（Zuweisung der Weile）。存在者每每都在其"存在"中应合了"时间"，这样存在者才存在着，这一事实所说的仅仅是：存在本身乃是逗留，是当前显现（das Sein Selbst ist Verweilung,

---

① "Unzeit"，字面意为"非时间"，日常语用意为"不合适的时间，不是时候"。这里的"赐予"（gönnen）有"乐见其成"之意，故酌情译之。——译注

Anwesung)①。

　　始终未被说出的是，这种如此这般本现着的存在，正是在时间本身中拥有对其②本质的支配（daß das so wesende Sein in der Zeit selbst die Verfügung seines Wesens hat）。③ 为何这个关于存在的箴言道说了时间，其根据（其未被道出的根据）在于，存在本身被"经验"为当前显现，并且当前显现被"经验"为"出现"之向"退隐"的过渡。当前显现乃是片刻（Weile），而当前显现的非本质就在于那样一种逗留（Verweilung）④中，这种逗留想要坚持一种最终确定的持存化。存在之本质阻止着这种限定。在片刻（片刻本质性地每每都只是一种片刻）中存在摆脱了非适置，并且通过退隐拯救了那种同一者，即那种唯一地支配着的东西，亦即对于每一种存在者而言乃是发端、贯彻支配以及开启的那种东西。

---

① "逗留"（Verweilung），亦可按其字面意译为"片刻化"。整句话遂可译为："存在本身乃是片刻化，是当前显现。"如前所述，在作者的语境中，"当前显现"并非僵持为持存性的"当前显现状态"，而是片刻性的、时机性的、过渡性的。所以"当前显现"本身就是"片刻化"，就是"逗留"。相应地，各个存在者就是"每每片刻性的当前显现者"。——译注

② 这个"其"指的是"存在"。——译注

③ 这句话的意思相当晦涩，这里简略解释如下：对存在之本质的"支配"（Verfügung），乃是使存在之本质"适置"（fügen），亦即使其"合适"，也就是说，使存在不致沦为非本真的、单纯的持存性之僵持，而是使之本真地是"片刻性的当前显现"。这种适宜的"片刻"即"时间"，而"时间本身乃是那每每合适的、置送着的、赐予着的并且适置着的时间"，在此意义上，只有在"时间本身"中，存在才拥有对其本质的"支配"。这里所呈现的是作者"关联为本"的一贯思路，存在只有通过本源关联（人与存在之关联）才成其所是，而时间所命名的就是这种自送自隐的本源关联。——译注

④ 作者在此区分了本质性的"逗留"和非本质性的"逗留"，后者的非本质性在于它想要延展为、僵持为一种持存化。——译注

## 第 25 节 两句话彼此之间的关系：箴言作为开端性的存在之道说

那么箴言的第一句话和第二句话处于何种关系中呢？

第一句话说，出现和退隐——它们在其统一性中构成了存在之本质——从同一者中出现。就连退隐也"出现"。这种同一者乃是对存在之本质的支配。同一者是存在之开端，是作为开端的存在。

第二句话是就存在者（αὐτὰ τὰ ὄντα）而说的，并且它言说了那种方式，即存在者本身是如何作为存在者的（wie das Seiende selbst als Seiendes ist）①。第二句话简单地命名了存在，并且把存在命名为非适置之转化（die Verwindung des Unfugs）。第二句话绝没有对第一句话进行论证。箴言绝不是想要通过这样一种方式——把存在者标示为被非适置所规定的东西——来阐明那出自同一者的出现和那归入同一者的退隐。毋宁是相反：存在乃是对非适置的转化，换言之，存在乃是对持存化的不予坚持，因为归属于存在之本质的乃是过渡。

第二句话所表达的是对存在的经验。过渡向这种经验表明自身乃是那纯粹的、聚集于自身中的出现（der reine, in sich gesammelte Hervorgang）。思想从这种经验中接收到了这样一种指示，即应在哪个方面上思考存在之本质以及这种本质之开端。而道说这一点

---

① 这句话也可以译为"即存在者本身作为存在者是如何存在的"。——译注

的就是第一句话。"因为"（Weil "nämlich"）[①] 在其存在中的存在者是从对合适的时间（schicklichen Zeit）[②] 之指派的应合而来本现的，所以存在之本质必然内含在当前显现中。[③] 的确如此（Dem ist so），只要当前显现拥有片刻之特征，当前显现就是从过渡中得到规定的并且被规定为过渡。

片刻乃是那适于其时的逗留（Die Weile ist das zu seiner Zeit Verweilen），这种逗留"仅仅"对自身允许了一个片刻。但这个"仅仅"并不意味着限制，而是道说了对存在之本质（作为过渡的退隐性的开显）之遵从的纯正性。然而，过渡仅仅是这样本现的：同一者支配着出现和退隐，这种支配乃是迫切着的必要。

第一句话命名了第二句话所命名的那种东西的本质之开端，亦即命名了存在的本质之开端。第一句话和第二句话一样都对存在进行了道说；但第一句话是以不同于第二句话的方式来道说存在的。这两句话都命名了一种应合（κατά ...）。第二句话是应合于存在之本质——亦即应合于当前显现，亦即应合于片刻，亦即应合于"时间"——而思存在的。第一句话则在下述应合中来思如此被经验的存在之本质：它应合于这种本质的"开端"，亦即应合于支配（άρχή），而支配作为同一者贯彻支配了当前显现的那些本质特性，

---

[①] 这里的这句话是作者对箴言第二句话的解释，按照他的翻译，箴言的第二句话是由"因为"（nämlich）引导的，所以他在这里把"nämlich"打上双引号，以提示读者注意这里所说内容与箴言第二句话的内在关联。——译注

[②] "schicklich"，语用意为"合适的"，词根上却与"置送"（schicken）有内在关联，故亦有"置送性的"之意。——译注

[③] 这句话的意思可以转释为：因为存在着的东西是从对置送性活动的应合而来本现的，所以存在之本质必然内含在置送性的"当前显现"中。——译注

### 第25节 两句话彼此之间的关系：箴言作为开端性的存在之道说

亦即贯彻支配了在其统一性中的出现和退隐，其方式是，支配为这些本质特性开辟了领域，在此领域中每个存在者都是每每片刻性的（in dem jedes Seiende jeweilen ist），只要它使它的片刻成为片刻（sofern es *seine* Weile verweilt）。

在这两句话的每一句话中，箴言都是就存在而言说的，并且仅仅是就存在而言说的；即便在它特意说存在者（τοῖς οὖσι；αὐτά）的地方，它也是就存在而言说的。箴言道说了存在之支配并且道说了作为支配的存在。但支配乃是开端。箴言是开端性的存在之道说①。

去知晓这一点，乃是忆入开端的首要条件。但本质性的东西始终是这件事：存在开端性地"是"支配，支配阻止了持存化意义上的一切限定。在这种阻止中，支配把自身返回拯救到其自身中去，到其自身所是的同一者中去。② 只有这样，开端才是开端，开端只能在开端活动中本现。但作为向自身的返回归入，开端乃是最隐蔽的东西。唯当思想本身再度成为一种开端性的思想，这种本质性的东西才会揭示自身。

{ταὐτά[同一者]乃是出现所出自的东西和退隐所归入的东西。但出现向之而行去和退隐由之而离去的东西是什么？〈回答是〉作为过渡的当前显现。去蔽着的隐蔽（ἀλήθεια）。

就这点而言，那未被言说的 ἀλήθεια 和 ταὐτά（亦即 ἄπειρον）就复又是并且更加开端性地是同一者了 }

---

① 这句话也可译为："〈阿那克西曼德〉箴言是对存在的开端性道说"。——译注
② 这句话的原文是："In solcher Wehrung rettet die Verfügung sich *zu* ihr Selbst in das Selbe, das sie selbst ist, zurück"。——译注

# 编 后 记

这个被冠名为《基础概念》的每周一个课时的讲座课,是马丁·海德格尔于1941年夏季学期在弗莱堡大学讲授的。

海德格尔对"基础概念"(Grundbegriffe)做了字面上的理解,即将之理解为"根据-概念"(Grund-Begriffe),理解为这样一种东西,它为一切进行了建基(be-gründen),唯有它为一切提供了根据并要求使用着在其本质中的人。自从西方思想的开端以来,人在其本质中就为存在所关涉,被允入到存在中,仿佛在那里拥有着其真正的逗留域。但存在却"呈现"为二重性的:存在是一切存在者之本源,其方式是,存在自行回隐。因而可能就会出现这样一种情形:存在者在形而上学历史的进展中愈发成为思想的首要主题,尤其自近现代以来,思想愈发凝固为一种计算,即对可用之物的计算。但为了能够思考根据,也就是说,为了能够把存在从其遗忘状态中夺取出来,为了能够逆反日常"思维"而沉思存在,对开端的忆入(die Erinnerung in den Anfang)就是必要的了。对海德格尔而言,向思想之开端的返回归入因而就意味着:思考存在之道说,思考在开端性思想家那里的对存在的言说。在对"μελέτα τὸ πᾶν"[要关切存在者整体]这个箴言的沉思中,海德格尔把存在和存在者之间的本质性区分澄清为那种区分(den Unterschied),即人被本质性地允入其中的那种区分。那些关于存在的主导句使得它们的那种对于逻辑性思维而言的不可理解性变得清晰可见了，亦即是这样一种形态：一种首先被给出的规定同时又与第二种与之相反的规定聚合起来了，但海德格尔并不想将此理解为辩证法。

被我们如此这般命名为"第二部分"的文本对阿那克西曼德的两个箴言做了一种详尽的阐释。已经在《林中路》中发表的《阿那克西曼德箴言》（作于1946年），再度采用了这种阐释中的个别思想；但它们在其中获得了完全独立的发挥。

弗里茨·海德格尔[①]1944年5月制作的一个打字副本构成了本书编辑工作的基础。从马丁·海德格尔[在此副本上]的手写边注中可以看出他对文本的检查和加工。手写原稿被马丁·海德格尔借给他人了，此手稿目前的持有人还尚未将之归还。

讲座文本是连贯写就的，包含了75页用打字机打出的纸本，此外还有分别撰写并单独编页的29页"要点重述"。这些"要点重述"在内容上一直拓展到对阿那克西曼德箴言的阐释中（第二部分）。这里——就像在全集第55卷[②]中已经做的那样——把"要点重述"嵌入到讲座正文中的做法乃是坚持了马丁·海德格尔的一个指示，即编辑在处理讲座手稿时应把分别撰写的"要点重述"纳入到正文中去。

因为所依据的打字副本并不包含任何分节，所以整个的两部分

---

① 弗里茨·海德格尔(1894—1980)，马丁·海德格尔的弟弟，他为海德格尔文本的保存工作付出了辛苦努力，做出了重要贡献。——译注

② 海德格尔：《赫拉克利特》，M. S. 弗林斯编，全集第55卷，法兰克福：维多里奥·克劳斯特曼出版社，1979年第一版。——译注

之划分、章的划分、节的划分以及标题的拟定都是由编辑实施的。对内容提要的表述在文本上严格遵照了海德格尔所阐述的东西,这些表述试图在其详尽性中做到,让海德格尔的每一个新的思想步伐都在这里已然变得清晰可见。

在此书的编辑过程中我得到了行家里手的帮助,为此我想向冯·海尔曼(Fr.-W. v. Hermann)博士教授先生献上非常真挚的谢意,感谢他不知疲倦地乐于回答许多专业问题;我要衷心感谢比梅尔(W. Biemel)教授先生和赫尔曼·海德格尔(H. Heidegger)博士先生,谢谢他们在编辑问题上的建议和老练的判断;感谢哲学博士候选人霍伦坎普(Eva-Maria Hollenkamp)女士在校对工作上对我的帮助。

皮特拉·雅格(Petra Jaeger)

# 第二版编后记

在此期间①，这个讲座课的手稿被再度归还了。因此现在就可以补做对手稿和打字副本的文本对比了。一些更加细微的读错的地方因而就可以得到纠正，并且有三处缺失的文本段落被增补上了。

皮特拉·雅格

---

① 本书首版于1981年，第二版于1991年出版。——译注

# 译　后　记

本书虽然篇幅不大，但译者在翻译过程中却收获甚多，远远超乎预期。按译者个人的看法，本书的意义可以在三个层面上得到观照：

首先，本书是海德格尔"存在论差异"思想之深化进程的见证。"存在论差异"是海德格尔"存在与时间"时期的主导思想，但自其思想发生"转向"以来，海德格尔对"存在论差异"思想多持批判态度，尤以《哲学论稿》(1936—1938)中的批判为突出代表。然而，从海德格尔晚年所作的大量札记（收录在全集第73卷《论本有之思》中）来看，海德格尔从未放弃过对"存在论差异"的沉思，而是始终在沉思它的限度和它的伟大。晚年的这些沉思较之前期思想可谓获得了极大深化，但从迄今已发表的文本来看，能够对这种深化历程作出见证的文本并不多见，而本书就是这类罕见的见证文本之一。

在作于1946年的《黑皮笔记》中，海德格尔曾回顾道："1939年8月，我终于至为清楚地看清了'存在论差异'问题；那种必要性，应把存有问题从先验东西中回取出来的必要性，对我而言慢慢地变得清晰了。"①1939年的这种对"存在论差异"问题的"最终看清"

---

① 海德格尔:《注释I—V》(黑皮笔记1942—1948)，全集第97卷，皮特·特拉夫尼

使得海德格尔思想发生了又一次的深远变化,这种变化不仅立即呈现在他业已开始的"尼采阐释"中,使之焕然一新,而且使得他的整体性的"存在历史之思"进入更为宏阔的境界。本书作于1941年,正是这种变化最直接的见证之一,更确切地说,它最直接地见证了"存在与存在者之区分"与"存在历史"的内在关联(本书在结构上的前后两部分的设置绝非是割裂的,而是构成了内在的有机统一)。

其次,本书第一部分着力深化"存在论差异"之思,亦即着力沉思"存在与存在者之区分",但这一工作本身却又是以"根据"问题的形式出现的。对"根据"问题的重视,在本书之命名(《基础概念》)和具体行文中得到了充分表达。本书因而和"《存在与时间》第58节"、《论根据之本质》、《根据律》一道构成了海德格尔追问"根据"问题的重要文本,成为我们追踪海德格尔"根据之思"的重要路标。而在这些追问"根据"问题的文本中,对"自行置送/自行回隐"或者说"出现/退隐"之统一性的沉思总是或明或暗地一道浮现,这一反复发生的情形绝非巧合,其内在关联值得深思。

最后,本书第二部分是对阿那克西曼德箴言的阐释,这一工作是对海德格尔1932年的阿那克西曼德阐释工作(全集第35卷《西方哲学的开端:对阿那克西曼德和巴门尼德的阐释》)的深化和推进。而按照海德格尔自己的交代,他的"本有之思"在形态上的启动就发生在1932年的这一阐释工作中[①]。因此,从原理上来讲,海德格尔"本有之思"中许多突兀出现并且晦涩难解的概念都或许可

---

编,法兰克福:维多里奥·克劳斯特曼出版社,2015年,第167页。

① 海德格尔:《沉思》,全集第66卷,F.-W. v. 海尔曼编,法兰克福:维多里奥·克劳斯特曼出版社,1997年,第424页。

以在这一阐释工作中得到含义上的澄清，而作为对 1932 年阐释工作的深化和推进，《基础概念》就更有可能使我们看清本有之思的若干"基础概念"的初衷与实质含义。而这也恰恰就是事实，译者在翻译实践中对此感受极深，比如"Anfang""Anwesung""Verweilen""Fug""Unfug"这些术语究竟意味着什么，海德格尔为何如此重视"开端"，如此强调"逗留"和"当前显现"，对译者个人而言，这些问题都在对本书的翻译中获得了突破性的理解。在此意义上，本书可以被视为帮助我们通达海德格尔"本有之思"的一部重要作品。

《基础概念》是本人在"海德格尔文集"项目中翻译和参与翻译的第四部著作，为此我要向孙周兴先生、王庆节先生、陈小文先生表示衷心感谢，感谢他们一直以来对我的支持和鼓励，使我能够有机会参与到这一有深远意义的工作中来。

张柯

2017 年 9 月

# 《现象学原典译丛》已出版书目

## 胡塞尔系列

现象学的观念
现象学的心理学
内时间意识现象学
被动综合分析
逻辑研究（全两卷）
逻辑学与认识论导论
文章与书评（1890—1910）
哲学作为严格的科学
关于时间意识的贝尔瑙手稿

## 海德格尔系列

存在与时间
荷尔德林诗的阐释
同一与差异
时间概念史导论
现象学之基本问题
康德《纯粹理性批判》的现象学阐释
论人的自由之本质
形而上学导论
基础概念
哲学论稿（从本有而来）
《思索》二至六（黑皮本1931—1938）

\* \* \* \* \* \* \* \* \* \* \* \* \* \* \* \* \* \* \* \* \* \* \* \* \* \* \* \* \* \* \* \* \*

| | |
|---|---|
| 来自德国的大师 | 〔德〕吕迪格尔·萨弗兰斯基 著 |
| 现象学运动 | 〔美〕赫伯特·施皮格伯格 著 |
| 道德意识现象学 | 〔德〕爱德华·封·哈特曼 著 |
| 心的现象 | 〔瑞士〕耿宁 著 |
| 人生第一等事（上、下册） | 〔瑞士〕耿宁 著 |
| 回忆埃德蒙德·胡塞尔 | 倪梁康 编 |
| 现象学与家园学 | 〔德〕汉斯·莱纳·塞普 著 |
| 活的当下 | 〔德〕克劳斯·黑尔德 著 |

#### 图书在版编目(CIP)数据

基础概念/(德)海德格尔著;张柯译.—北京:商务印书馆,2021(2021.12 重印)
(中国现象学文库.现象学原典译丛.海德格尔系列)
ISBN 978-7-100-19513-3

Ⅰ.①基… Ⅱ.①海…②张… Ⅲ.①海德格尔(Heidegger,Martin 1889-1976)—存在主义—哲学思想 Ⅳ.①B086②B516.54

中国版本图书馆 CIP 数据核字(2021)第 032398 号

**权利保留,侵权必究。**

中国现象学文库
现象学原典译丛·海德格尔系列
**基础概念**
〔德〕海德格尔 著
张柯 译

商 务 印 书 馆 出 版
(北京王府井大街36号 邮政编码100710)
商 务 印 书 馆 发 行
北京艺辉伊航图文有限公司印刷
ISBN 978-7-100-19513-3

2021年8月第1版　　开本 880×1230　1/32
2021年12月北京第2次印刷　印张 5⅜
定价:39.00元